株で確実に儲かる唯一の方法

塩づけなし現物取引&追証なし信用取引

長谷川慶太郎

発明者 楠 大史

ビジネス社

はじめに

これから二一世紀全体を通じて続くと予想されるデフレ時代で、個人が自らの資産を形成するには、本書の前半分で詳細に検討したように、インフレ時代とはまったく違った発想をとらなければならない。

いままでと同じ方法をとるならば資産形成の目標が達成出来ないどころか、老齢になって退職せざるを得ない年齢を迎えたとき、確保される定期収入がなくなるだけにとどまらず、安心して住む家すら持てない惨めな状況に直面する恐れがある。

もちろん「国民総年金社会」の日本だから、老齢に達した人々は一定の年金の支給は保障されている。と言っても、公的な年金の支給額は決して誰もが満足できる額ではない。年金支給額の他の幾らかでも自分の自由になる資産を確保したいと望む人々が、日本国民の圧倒的な多数を占めるに違いない。そのためには現役で働いている間に積極的に資産形成の努力を惜しまないほうがベターだろう。

本書は真面目な生活を送りながら、老後の生活に潤いをもたらす資産形成を考えている人々に、その「ノウハウ」を提供しようとして書かれたものである。

まず今の世界経済の基調が、長期にわたるデフレしか無い現実を正確に把握することから始めなければならない。もし今のデフレが短期間の現象に過ぎず、またもや世界経済の基調がインフレに逆戻りすると考えるならば、資産形成の戦略を立て直す必要はない。何年か辛抱していれば、またかつての郵便貯金の一種「定額貯金」のように、高金利、安全確実で有利な金融商品が提供され、格段の知恵を絞る必要など全く無い時代が復活してくれるからである。

だが、現実は厳しい。もはや二一世紀中に再びインフレが復活する可能性は全然あり得ない。二一世紀の経済の基調にデフレ以外はない。となれば、一刻も早く資産形成の戦略を再検討して、インフレ時代の発想とはまったく異なる新しい考え方を導入しなければならない。本書はこういう情勢の変化をおぼろげながら感じている人々に、何よりも役立つ新しい考え方を提供しようという目的で世に問うものである。

本書の構成はまず世界経済全体の今後の見通しを共著者の一人、長谷川慶太郎が担当し、後半部は第6章、第7章の表題にある「塩づけなし現物取引」と「追証なし信用取引」の具体的な内容を発明した楠大史が、その内容を解説する方式になっている。通読して頂ければ、個人投資家はもちろん証券会社、これから株式投資の分野に進出しようと考えている銀行その他の金融機関の経営者、そこで働く人々にも新しい視野で、将来性の高い株式投資の分野に進出する意欲が湧いてくるに違いない。

おわりに本書の刊行に多大の力を貸して頂いたビジネス社の岩崎社長、編集担当の播磨谷さんに感謝の意を表したい。

平成一六年四月

共著者の一人　長谷川　慶太郎

最新の情報は、月に一度の講演会で提供しています。
お問い合わせ・お申し込みは
『長谷川慶太郎の時事ステーション』事務局
電話・FAX　〇三―五五六〇―〇六四八
メール　ntanada@mte.biglobe.ne.jp
までお願い致します。

◆株で確実に儲かる唯一の方法◆　目次

第4章　これまでの取引制度とその課題……長谷川慶太郎

装幀／石澤義裕
撮影／牟田義仁
編集協力／棚田玲可

プロローグ……………………………………………長谷川慶太郎

株式投資ほど楽しいものはない!

著者が「株式投資」をはじめたのは昭和三〇年代の初めです。当時はダウ平均(現在の日経平均)が一〇〇〇円前後の時代でした。

現在、日経平均は一万円強です。一時は三万八九一五円までいきました(一九八九年暮れ)が、それが一〇〇〇円前後の時代から、著者は株式投資をつづけてきたのです。

当時は「増資」情報がとても大切でした。額面割当の増資ですから、メリットがありました。

これは有名な話ですが、『鞍馬天狗』で有名な作家・大仏次郎さんが、だれの紹介だったのか、創業したばかりのソニー株を一〇〇株も持たされて、そのあと増資、増資に応じていったら、亡くなったとき三万株になっていたといいます。いくら儲《もう》かったのか、他人のフトコロの話ですから別に計算したことはありませんが、相当の儲けになったことはたしかです。

著者は昭和四〇年、山一証券が破綻《はたん》の危機に瀕《ひん》し、日銀特融でなんとか乗り切った「山一恐慌」のときは、徹底した「空売り」を行いました。ほとんどの銘柄が値下がりした時期ですから「空売り」は大成功。それなりに儲けたものです。そうしたら、東京証券取引所の監査課から呼びだされました。「こういう銘柄を空売りするのはどういう理由からですか」と、しつこく訊いてくる。当時は著者も若かったから、「もちろん、下がると思うからだ。そのどこが悪いか」と、怒鳴り返した覚えがあります。

著者の「株式投資」歴はとにかく長いのです。だから大インフレの時代も不況の時代もそれぞれに経験してきました。

いまでも「株式投資」はつづけています。著者にとって「株式投資」とは「楽しみ」だからです。こんな楽しいものはありません。

なぜ楽しいか。

自分の予測が当たるか当たらないか、日々検証できること。これが第一です。次の理由は、当たれば非常に面白いし儲かるからです。また当たらなくても、なぜ自分の狙《ねら》いが的中しなかったのか、そこを反省すれば新しいノウハウと新しい判断を培うことができます。

世の中に「株」ほど楽しいものはありません。

第1章 デフレ時代の投資戦略

長谷川慶太郎

第1節　株式投資に成功する秘訣

投資に成功する「三条件」

投資家の集まりに招かれて講演するとき、著者がいつも強調するのは次のような「株式投資に成功する三つの条件」です。

①「元金」

いうまでもなく、資本がなければ株式投資に参加する資格はできません。

②「情報」

一〇〇〇銘柄をはるかに上回る証券取引所の上場銘柄のなかのどれに投資すべきか、またいつ投資すべきかというタイミング、それを決めるには情報が欠かせません。投資時期や投資対象を決めるとき、もっとも重要なのは情報なのです。

③「決断力」

これは「度胸」と言い換えることができます。ここは「売り」しかないと信じて、一般の投資家がいっせいに株式を売り払っているその瞬間、思い切って「買い」を入れることはけっして容易な業ではありません。しかし世の大勢の逆をいく度胸がなくては大きく儲けることはできません。

証券業界に《人の行く裏に道あり花の山》という格言があるのはあまりにも有名です。

人の逆を張る冒険ができるか否か、それだけの決断力を有しているかどうか、これが株式投資の成否を分かつ最大の要素です。

株式投資を通じて金融資産を形成できるかどうかは、ここに挙げた「三つの条件」を十分に認識し、かつそれを満たせるか否かにかかっています。

以下、この「三条件」について簡単に説明をしておきます。

堅実な生活で「元金」を貯める

まず「元金」を得るには、学校卒業後、実社会にでて働きはじめた時期から毎月いくらかずつでも資金を積み立てることです。そうした努力をつづけることによって、みずからの生活を収入の範囲内に抑制することができるようになります。言い換えれば、本能の赴くまま自分の好みを満足させるために収入以上の支出を容認するという安易な、またリスクの大きい生活態度に陥らずに済みます。

日本国民の圧倒的多数は、こうした堅実で地道な生活態度を「よし」とします。しかしこれはけっして万国共通、人類全体に共通した姿勢とはいえません。

お隣りの韓国を例にとれば、俗にいう「カードローン地獄」に堕ち、結果として「自己破産」の道を選択せざるをえなくなった人がじつに全人口の八パーセント近くに達します。二〇〇三年の数字でいえば、全人口四三〇〇万人のうち「自己破産者」はなんと三四〇万人というのです。

日本では二〇〇二年、「自己破産」の件数が二〇万件を突破したといって大騒ぎになりましたが、これと比較するなら、韓国の人たちの生活態度は「あまりにも放埒《ほうらつ》」といわなければなりません。

韓国型の生活をしていたのでは到底「元金」など貯めることはできません。

『四季報』や『情報』を熟読せよ

一般投資家が情報収集をするには『会社四季報』や『会社情報』を熟読するのが第一です。両書とも三か月ごとに刊行されていますが、次の号がでるとき『四季報』や『情報』が真っ白のままという人は投資家とはいえません。著者はいつも「手垢《てあか》がついてぼろぼろになるまで読み込みなさい」と、口を酸っぱくしていっています。そこまで読み込んだ人は必ず儲かります。

また、何回も読んでいると、書いてあるさまざまな情報やデータのなかでも、なにが大事なのか、どこをマークしなければいけないか、だんだんわかってくるようになります。そうなれば、しめたものです。

株式投資の勘所は他人から教わるものではありません。まず、自分でやってみることです。実際に経験してみる。これがいちばん大事です。

付け加えておけば、世にいう株式評論家は、「評論家」ではあっても必ずしも「投資の成功者」ではありません。株の世界には《理路整然と曲がる》という言い方がありますが、ココロは「エコノミストの株価予想は常に外れる」という意味です。評論家の意見を参考にするのはいいでしょうが、それを鵜呑《うの》みにしてはいけません。

すべては経験です。経験に勝る教師はおりません。

「度胸」がなければ「投資信託」

いつの時代にあっても「投機」に勝つのは少数派であって、多数派ではありません。

《株はつねに少数意見に軍配上げる》という言葉をよく噛《か》みしめることです。

投資行動に参加している人々の大多数が「これがこれからの狙い目だ」と信じ、それに沿った投資戦略を組んでいるとき、それに便乗して成功したとしても、それで得る「利益」はきわめて限られたものにならざるをえません。一定水準の「利益」を多数で分配する以上、個々の投資家が受け取る分け前はきわめて少額にとどまります。

株式投資が「投機」である現実を考えるなら、多数派に属さない投資家が真の勝利者になるのは見やすい道理です。

一般の投資家が必ず儲かると信じて、ある銘柄に盛んに「買い」を入れているとき、あえて「売り」で対応することのできる度胸ある投資家こそが大きな利益を独占できるのです。逆に、一般の投資家がもはや先行き見通しに自信を失っていっせいに「売り」を入れているとき、思い切って「買い」を入れられる度胸ある投資家だけが大きな成功を収めます。先ほどの格言――《人の行く裏に道あり花の山》を思い出してください。

株式投資に成功する秘訣《ひけつ》はなによりもまず「決断力」なのです。「度胸」です。これがなければ大儲けはできません。

自分の判断を信頼し、それに基づいて行動することをためらわない強い「個性」、ここがポイントです。そうした「個性」や「度胸」がなければ株式投資に成功する機会は未来永劫にやってこないと観念すべきでしょう。

自分にそうした「度胸」があるかどうか。それは自分自身、胸に手を当てて考えてみればすぐわかります。

それだけの「度胸」がないと考えた人は、他の手段すなわち間接的な方法によって株式投資に参加するしか方法はありません。すなわち「株式投資信託」への投資です。「投資信託」というのは、個人投資家から集めた資金をひとまとめの大きな資金にして運用専門家が株式や債券などに投資・運用する商品です。その運用成果（マイナスになることもある）をそれぞれの投資額に応じて配分するシステムになっています。集めた資金をどんな対象にどう投資するか、それを専門家に任せる（信託する）ために「投資信託」と呼ばれています。

多くの投資家から資金を集めて、専門家がいろいろな銘柄に投資をするシステムですからリスクは分散されます。その分、リターンも少なくなるのは当然でしょう。

どんと勝負をかける「度胸」のない人たちには、ローリスク・ローリターンの「株式投資信託」を推奨するしかありません。

第2節　情報を読む

銘柄選別の基準

投資に成功する「三条件」のひとつとして「情報」を挙げましたが、では「情報」のどこに着目したらいいのか。

『四季報』や『情報』を何回も読んでいると、そのどこが大事なのか、どこをマークしなければいけないか、だんだんわかってくるといいましたが、基本的にはそのとおりです。投資しようという銘柄によってポイントは変わってくるし、目のつけどころも違ってきます。まずは経験、といったのもそういう意味です。

とはいえ、一般的にいえば「銘柄選別」の基準は三つあるといえます。

「キャッシュ・フロー」と**「技術の研究開発投資」**、**「従業員の平均年齢」**です。

①「キャッシュ・フロー」

売上から生産コスト、人件費、借入金の金利負担等、資金の流出部分を差し引いた残額が「キャッシュ・フロー」です。これが黒字であれば、当該企業の資産が「モノ」から「カネ」に移っていることがわかります。すなわち資産の流動性が高まっている。逆にこれが赤字なら、企業の資産が流動性の高い「カネ」に移行しきれていないことになる。これはデフレ時代には適応しません。

キャッシュ・フローが赤字の会社はどこかに欠陥があるといわなければなりません。要注意です。

②「技術の研究開発投資」

これはとても大切な要素です。「売り手に地獄」のデフレ時代にあっては、さまざまに変化する「買い手」の嗜好に対応するために不断の「研究開発」が必要です。この部門の投資が少ない会社はまず伸びません。

日本では、製造業を中心とした民間企業の「研究開発投資」は売上のほぼ二パーセントが平均値とされています。

二パーセント以上の「研究開発投資」を行っている企業は市場動向に敏感だと見做《みな》すことができます。逆にこれが二パーセントを下回るような企業は、デフレ時代に必要不可欠な技術水準の向上に消極的だといわなければならない。先行きはあまり明るくないと見るべきでしょう。

これはなにも製造業に限定される話ではありません。流通、金融、建設、輸送等々、どんな業種にも当てはまる話です。

③従業員の平均年齢

『会社四季報』『会社情報』に掲載されている上場企業の「従業員の平均年齢」の平均値はほぼ三八歳です。「従業員の平均年齢」がこれを下回る企業は若い従業員の比率が高い。その分だけ企業内部には活力、さらに発想の新しさがあると見られます。その逆なら、よほど思い切った手立てを講じないかぎり企業活力に陰りが生じる恐れがある。平均年齢がかなり高い会社（銘柄）は要注意です。

以上の三点は、少なくとも日本の上場企業をチェックする際、だいたいいつも当てはまる標準的な尺度といえます。

《株価より企業を買え》という言い方がありますが、これこそ上記の三ポイントに着目して、ただいま現在の株価に惑わされるのではなく、「成長銘柄」「伸びる会社」を探せという訓《おし》えなのです。

研究開発投資を見逃すな

上の三つのポイントのなかで一般投資家がしばしば見落としがちなのが「技術の研究開発投資」です。

たとえば流通業に「研究開発投資」が必要であるというのは「意外だ」と受け止められるかもしれません。しかし現実はけっしてそうではありません。

もし積極的に「研究開発投資」を行っていないコンビニがあるとすれば、それでは顧客のニーズに応えられません。買い手の趣味・嗜好に対応できる品揃《ぞろ》えができません。

じつをいえば流通業にあって「研究開発投資」とは、売れ残った商品を処理する「損金勘定」といった面を持っているのです。

つねに品揃えを新しく保とうとするならば、仕入先から新しい商品を次々に仕入れなければなりません。しかし新商品のなかには消費者のニーズに合わない、あるいは好みに適わないものもあります。それは当然、売れ残る。そのとき仕入先に対して「返品」のリスクを負わせるとすれば、仕入先はそのコンビニに積極的に新商品を納めようとはしなくなるでしょう。そうなったら、まったく変わり映えのしない商品ばかり店先に並べざるをえない。これではサービス業など成り立ちません。

そこで、売れ残った新商品は返品するのではなく、思い切って「研究開発投資」の名目で税法上「損金算入」してしまうのです。法人はそういう手を使えます。

すなわち流通業の場合「研究開発投資」の金額が多いというのは、つねに新しい商品を顧客に提供したいという積極性のあらわれに他ならないのです。そうしたデータはつい見逃しがちですが、やはり目配りしておきたいポイントです。

他の産業でも「研究開発投資」には力を入れています。大手建設会社は積極的に研究所をつくり、建設工法や資材、さらに設計方式などについて大規模な研究を行っています。それで同業他社に差をつけようとしているわけです。海運業界、航空業界、鉄道業界……すべての分野について同様のことがいえます。

積極的に「研究開発投資」を行っていない会社は激変する流れについていくことができません。「売り手に地獄」のデフレ時代にあっては消費者の嗜好はきわめて厳しいから、たちまち取り残されてしまいます。

株式投資にあたっては（デフレ時代はとりわけ）こうしたポイントに着目しなければいけません。

第3節　勝ち組企業を見抜くポイント

急ピッチで進む「優勝劣敗」

技術革新あるいは消費者の選好の移り変わりがどれほど激しいものか、それは最近急速に進展している携帯電話をとってみてもよくわかります。

第一世代の携帯電話はきわめて重く大型で、到底人間が持ち運ぶようなものではなかったから自動車電話という形態をとらざるをえませんでした。

第二世代はかなり軽量化が進み、持ち運ぶことが可能になったので、やっと本来的な携帯性を発揮することができました。

これが第三世代になるとモニターがつきました。単に電話として通話に使われるだけではなく、モニターを通じてパソコン機能を有し、電子メールを互いに送受できるようになりました。

第四世代はこのモニター機能を高度化し、その性能を高めることによって、今度は歩きながらでも受像が可能となり、またカメラとしての機能も発揮しうるようになりました。デジカメつき携帯電話の登場です。

第五世代の携帯電話は、もっか開発されつつあります。

ここで注目されるべきは、第四世代の携帯電話にしても、登場以来わずか一年半にしてすでに売れ行きが大幅に低下する事態が発生していることです。飽きられたのです。

これほどまでに携帯電話に対する消費者の選好が厳しいということは、携帯電話メーカーの経営者にとっては意外かもしれません。しかしこうした選別は、モノが安く豊富に流通するデフレ下では当然起こりうる現象として理解しておかなければいけないのです。

いま携帯電話の世界的な分布を見れば、最大の普及国は中国です。現在でもすでに二億六〇〇〇万台。全人口が一二億人強ですから当然といえば当然でしょうが、それにしてもたいへんな普及ぶりです。ただし機能の点では第二世代がせいぜいで、いまようやく第三世代に入ろうとしているところです。中国ではまだ第四世代の携帯電話は登場していません。

その他の国では、米国が一億一〇〇〇万台、日本が八〇〇〇万台で、中国の後を追っています。

日本ではいま指摘したように機能の「世代交代」があまりにも激しく、かつ凄《すさ》まじいわけですが、その背後にある消費者のニーズの多様化に応えていくには、まさに日々怠らぬ「研究開発」が必要にして不可欠です。「開発投資」の出費をケチったら、その会社はたちまち販売戦線から脱落します。

表現を換えれば、こうした消費者の選好の変化、需要の増加にどこまで機敏に対応できるかによって、大きく業績を伸ばすメーカーとそうでないメーカーとが二極分化します。企業間格差があまりにも早いピッチで拡大するのが、選別の厳しいデフレ時代の特徴でもあるのです。

同様のことはＤＶＤや新型テレビ（液晶あるいはプラズマ・テレビ）についてもいえます。デジタル家電業界においては日進月歩の技術革新についていくだけでなく、消費者の動向の変化をいちはやく的確に把握し、それをキャッチ・アップすることのできる企業だけが「成功者」として生き残れます。

日常不断の激しいせめぎあい、その結果発生する企業間格差が株価の変動にも強く反映されることはいうまでもありません。投資家はそれを過《あやま》たずに見定めることです。アンテナは高く、開発は速く――これが企業経営者のモットーだとすれば、アンテナは高く、情報は広く――が投資家のモットーということになります。

みずほ銀行とトヨタ自動車

ここで、わかりやすい例を挙げておきます。

二〇〇〇年夏、第一勧銀と富士、興銀の三行が合併してみずほ銀行ができたとき、旧三行の頭取が記者会見に現れて、「新しい銀行は一五〇〇億円の研究開発投資をいたします」といいました。著者はそれを聞いていて、ああ、これはだめだと直感しました。「研究開発」に対する認識がまったくなっていないと感じたからです。

世界一、かつ米国一の経営規模を誇るシティ・グループは「研究開発」に年間五〇億ドル（五五〇〇億円）も使っています。みずほの約四倍です。これではとても敵わない。ということは、みずほ銀行は最初からシティ・グループを抜く気などなかったと見られても仕方ない。だから一五〇〇億円という研究開発費で胸を張っていたのです。

今度上場した新生銀行など、コンピュータの才能に長けているインド人をSE（システム・エンジニア）として三ケタのレベルで雇っています。日本の他の銀行は彼らを使っていてもせいぜい一ケタ止まりでしょう。こうした違いがやがては株価の差となって現れてきます。

もう一例。

トヨタ自動車が米国のフォードを抜き、GMに次いで世界第二位の自動車メーカーに躍りでました。その背景にあるのもやはり「研究開発投資」です。この投資額でトヨタはフォードを抜いていたのです。

一昨年、トヨタは六九〇〇億円、研究開発投資を行っています。そのときフォードは七六億ドル（八三〇〇億円）でした。フォードのほうが多かった。

ところがこの三月期では、トヨタの研究開発投資は八九〇〇億円。フォードは六五億ドル（約七〇〇〇億円）。トヨタは研究開発投資を増やしたのに、フォードは逆に減らしています。これで完全にトヨタがフォードを抜き去りました。

トヨタの営業利益は、この三月期で二兆円、その前が一兆四〇〇〇億円でしたから、研究開発費の増額（三〇パーセント増）は営業利益を四〇パーセントも押し上げる結果になりました。

「研究開発投資」というのは本当に怖いものです。本当に大事です。

「コジェネ」に賭ける東京電力

一般の人にはあまり知られていませんが、川崎市と横浜市の間を流れている鶴見川の川沿いに一連の大規模な研究所が建っています。

東京電力の総合研究所ですが、そこに一二階建ての研究棟が二棟あり、壁面には隙間なく太陽電池がとりつけられています。電力会社が太陽電池を研究センターの電力源に使うのはなぜなのか。不審に思うなら担当者に聞いてみることです。

彼はいうでしょう。「これからの電力供給源は、超大型の火力発電や原子力発電とは限りません。地域的にも、さらにまた時間的にも極力安定したかたちで電力を供給し、さらにまた公害対策も行うには、電力の発生源は極力分散されなければなりません。そのひとつが太陽電池なのです」と。

まったくそのとおりです。「無公害電源」というのが、太陽電池の最大の特徴です。また研究棟のなかに入ると、必死になって「コジェネ」方式を進めていることもわかります。聞き慣れない言葉ですが、「コジェネ」というのは英語の「co-generation」を略したもので、「熱電併給」と訳されます。「熱と電気をいっしょに発生させる」という意味です。

現在、新しくつくられる火力発電所などは必ず「コジェネ」方式になっています。電力だけでなく熱もいっしょにつくりだしますから、とにかく効率がいい。「コジェネ」は石油でも石炭でも行うことができます。

電力会社は「コジェネ」を推進することによって、ガス会社の領分（熱の供給）にまで事業範囲を拡大することを狙っているわけです。

著者はつねに、こうした技術開発の最前線をチェックしています。研究所に足を運ぶこともしばしばです。そうして最新の技術、最新の開発成果を見逃さないようにしています。

これも「情報収集」の一環です。株式投資にはそんな努力も必要なのです。

環境先進国・日本

こうした技術革新のおかげもあって、日本は世界でもっともエネルギー消費量の少ない、言い換えれば「環境にやさしい国」になりました。

かつて著者は『環境先進国日本〜地球を救う日本の技術力』（東洋経済新報社、二〇〇〇年刊）という著作を通じて、日本の環境保全努力を明らかにしました。日本の「省エネ努力」が世界のなかでいかに突出しているか、詳細なデータを提供して日本の技術力を顕彰したのです。

日本は、現在世界全体のGDPの一六パーセントないし一八パーセントのシェアを持っています。これに対して「一次エネルギー」（石炭、天然ガス、石油、水力、風力、さらに木材といった天然自然に存在するエネルギー源）の消費量は世界全体の五・三パーセントにすぎません。

GDPのシェアは一六〜一八パーセントなのだから、エネルギー消費量もそれくらいあってしかるべきなのに五・三パーセントしか使っていない。つまり日本国は、G

DP当たりの国際的な基準、世界の水準からすれば三分の一以下のエネルギーしか使っていないのです。

表現を換えれば、日本国のあらゆるシステム、さらにまた技術は非常に効率がいいということになります。もし世界全体が日本のシステムを導入して、旧弊なシステムを更新するとすれば、今日のエネルギー量の三分の一でこれまでの生活水準と経済活動を保つことができます。

これこそ日本の強み、日本の底力です。日本株も捨てたものじゃない。こうした環境技術の開発に日夜励んでいる会社の株式は有望です。

そんな意味でも、こうした「情報」を知っておくことは株式投資にとって非常に有力な武器になります。

やがて日本の自動車業界は米国を圧倒する

日本の自動車会社は世界でもっとも低燃費の乗用車を提供しつづけています。世界でもっとも品質の高い乗用車を提供しているのも日本です。

トヨタ自動車がフォードを抜いて世界第二位の生産実績を達成したことは前述のとおりですが、米国の自動車市場において、日本車は日本本国からの輸出と米国国内に建設された系列企業からの生産車をふくめて、ちょうど三五パーセントのシェアを獲得しました。

その最大の理由は日本車の品質の優秀さにあります。

米国では「リース料金」が所得税申告にあたって控除の対象になります。したがって米国の新車販売高の九〇パーセント強までがリース方式に依存しています。かつてのローン方式はほとんど顧みられることがありません。

リース方式で乗り回された車は、リース期間（標準は五年）が満了すればすべてリース会社に返却されます。リース会社はその中古車を整備して塗装をやり直し、新車同様のきれいな姿にして中古車市場で販売します。

中古車市場での販売価格は新車のディスカウント率（値引率）で表示されます。日本車のディスカウント率はほぼ三〇パーセントから三五パーセントです。米国メーカーの車は五〇パーセントないしそれ以上といわれています。

したがって日本車のリース料金は、米国車に比べて大幅に低い水準に設定しても、リース会社としては利益を確保することができます。中古車として販売するとき、高く売れるからです。だから同じ排気量の場合、日本車のリース料金は米国車より二〇パーセントないしそれ以上安いそうです。

リースで新車を利用しようとする米国の消費者がどちらを選ぶか。議論の余地はまったくありません。

こうしたリース料金の差は、日本車のメーカーがつくりだしたものではありません。あくまでもリース会社と米国の消費者との間で決められた値段です。だからこの格差について、米国の自動車会社も「不当なダンピングだ」といって騒ぎだすわけにはいかない。米国の会社が日本の自動車メーカーを訴追することはできません。

そうだとすれば、日本の自動車メーカーの株価は競争相手である米国のそれを大幅に上回ってしかるべきだと、米国の投資家が考えるのも当然でしょう。トヨタを筆頭とする日本の自動車株に対して外国人投資家が「買い注文」をだすのは、彼らがこうしたメカニズムを十分承知しているからです。

おそらく二一世紀のきわめて早い時点で、日本の自動車業界は米国のそれを圧倒することでしょう。その背後には「ハイブリッド・カー」に象徴されるように、世界最低の燃費で走る車を日本の自動車業界が提供しうるという厳然たる事実が控えているのです。

みすみす「儲け」を見逃した日本の投資家

外国人投資家が日本の株式に対して積極的に投資をはじめたのは二〇〇三年五月以降のことです。

その直前、東京の株価はバブル崩壊後の最安値（四月二八日の七六〇七円）をつけています。その瞬間、外国人投資家たちがいっせいに日本株に投資をはじめた最大の理由は、こうした日本企業の持っているきわめて強大な競争力、とりわけ技術水準の優位を十分承知していたからにほかなりません。

遺憾なことながら、日本の投資家はこうした外国人投資家のような判断と決断力を発揮することができませんでした。四月末につけた最安値から見て年末の株価水準は五〇パーセント近くの上昇率を示したというのに、日本の投資家たちはそうした絶好の「儲けの機会」をみすみす見逃してしまったのです。

その最大の理由は、先に挙げた株式投資の「三つの条件」のうちの第二（情報）、第三（度胸）の原則を十二分に理解していなかったためです。情報も度胸も欠けていたといわざるをえません。

これから二一世紀が経過していくにつれて、株式市場ではますますドラスティックな値動きが起こるに違いありません。それに日本の投資家たちがついていけるかどうか、それはひとえに「情報力」「決断力」の有無にかかっています。

まことに厳しい表現を使えば、日本の投資家の最大の弱点は「度胸」の欠如です。このままでは「甘い汁」はほとんどすべて外国人投資家に吸われてしまう。著者はひそかにそんな危惧《きぐ》を抱いています。

情報に躍ることなかれ

逆の教訓もあります。

ブームに躍った一連のＩＴ銘柄について、一般の投資家は――もて囃《はや》されているから買う、買うから上がる、そしてこのサイクルはいつまでもつづくだろうという錯覚に陥りました。そこで積極的な「買い」を入れ、結果としてはＩＴバブルの破裂によって壊滅的な打撃をこうむりました。

あれは「情報」を見据えたのではなく「情報」に躍った結果です。

投資家に「度胸」があったわけでもなんでもありません。ただ、欲に振り回されていただけのことです。

一時のあのような熱狂のなかで徹底してＩＴ銘柄の「空売り」を推奨したとすれば、当時においては証券業者から糾弾され、あるいはまた強い反発を招いたことでしょう。しかし著者は当時から、ＩＴ銘柄もふくめて日本のベンチャー企業はいささか派手に扱われすぎると感じていました。企業というのは本来もっともっと地味なものでなければいけません。

アイデアは大事だし、著者もそれは尊重しますが、それだけではだめです。企業には地道な展開が必要なのです。ＩＴだけでなく、これからも新規事業に参入しようという起業家はどんどんでてくることでしょうが、やはり落ち着いた姿勢、どっしりとした環境のなかでなければ「大樹」は育ちません。

投資家も一時のブームに便乗するのではなく、しっかりとした情報に基づいて着実に足元を固め、そしていざというときは「度胸」を決めてみずからの判断を実行に移すべきです。

第4節　トレンドをつかむ力のつけ方

銀座は世界の流行の最先端

株式投資に役立つ「情報」は本や雑誌に書かれたデータだけではありません。街中の風景からも「情報」は読み取ることができます。逆にいえば、ほんのささいな事柄からも「なにか」を感じ取る目が株式投資には必要なのです。

たとえば東京は日本の中心というだけでなく、アジア全体の流行の源泉地としての役割を大きく担っています。それは東京の不動産価格の変動に反映されます。ひいては株価にも現れてきます。

山手線の内側、それも銀座の並木通りから丸の内の仲通りにかけての一帯は完全な「売り手相場」に変化したといわれています。この地域での不動産、すなわち一階の賃料の相場はここ数年間で五〇パーセントも上昇しています。

その最大の理由は、この一帯の両側には世界でもっとも高く評価され、また知名度も高いブランド・ショップが文字どおり林立していることです。同じような現象がJR原宿駅から神宮前にかけての、俗にいう原宿通りの両側でも展開されています。ここにも世界全体を通じてもっとも知名度の高い一流ブランド店が次々にオープンし、大勢の顧客を集めています。

その結果たとえば、フランスの一流ブランドであるルイ・ヴィトンでは、売上の四〇パーセントが東京の店舗で扱われているといいます。四〇パーセントというのはきわめて大きなシェアです。これを上回る売上を達成しているのはパリ本店以外にはありません。

米国の流行の中心地・ニューヨークの五番街にあるティファニーがいま銀座の表通りに店舗を構え、日本を席捲《せっけん》しようと狙っています。東京店の売上は公表されておりませんが、専門家筋の推定によれば売上全体の三〇パーセントを下回ることはないだろうといわれています。

東京の中心、すなわち銀座並木通りから丸の内仲通りにかけての一帯は、世界の流行の最先端を提供するブランド・ショップの「激戦地」となっているのです。

アジア全体の経済が発展し、しかもそのなかで急速な経済成長を遂げている中国には次々に高額所得者が生まれています。そんな彼らはこの銀座界隈《かいわい》へわざわざ買い物旅行に来ています。

著者も何度かそうした買い物旅行客の中国人女性に取材したことがあります。

彼女たちはいいます。「東京、とくにこの並木通り・仲通りのあたりは世界の流行の最先端を走っています。たしかに上海にも同じブランドの店はあります。でも、東京の店のデザインのほうが六か月から一年も先を走っています。だから私たちもわざわざここへ買いに来るのです」と。

銀座のこの一帯は文字どおり、流行の最先端スポットです。不動産価格が上がるのも当然といわなければなりません。

東京ディズニーランドは世界一

東京と名のつくものでもうひとつ、世界に類例を見ないレジャーランドが存在します。いうまでもなく東京ディズニーランドです。

ディズニーランドは東京以外に三か所あります。すなわち米国では西海岸、東海岸、そして欧州ではパリ郊外にあります。近く、香港と上海にも同等の施設をつくる計画があり、建設工事も進んでいます。

そのなかでも東京のディズニーランドが圧倒的な優位を保っている理由はふたつあります。

①設備のリニューアルのために毎年巨額な資金を投じていること。

②一万七〇〇〇人を超える従業員に対して徹底したトレーニングを行い、サービス水準の向上に努めていること。

著者はディズニーランドだけでなく、東京ディズニーシーがディズニーランドの隣接地に開業したとき（二〇〇二年九月）も見学に行っています。

そこではまず、徹底した本物志向に気づきました。

レストランの壁飾りに利用されている古新聞はけっして模造品ではありません。二〇〇〇年三月九日のシカゴ・トリビューンの、文字どおりの本物でした。壁飾りの古新聞でさえ本物以外は使わないという「本物主義」は徹底しています。ディズニーシーの目玉ともいうべきコロンビア号の船体は厚さ九ミリの本物の造船用鋼板で建造され、甲板には本物のチーク材が使用されているのです。

こうした徹底した本物志向がディズニーシーの魅力を高めると同時に、そこにやってくる観光客たちにきわめて強いインパクトを与えています。

同様のことは「兄貴分」のディズニーランドについてもいえます。他の三か所のディズニーランドに比べて東京のディズニーランドが圧倒的な優位を保っている最大の要因は設備なのです。この本物志向の設備の更新には毎年三〇〇億円を超える投資が行われています。

大部分がパートタイマーで占められている一万七〇〇〇人にのぼる従業員に対する教育も徹底しています。彼らの着ている制服はつねに洗濯したてです。二日つづけて同じ制服を着ることはありません。毎日ぱりっとしていなければ許されません。

そうした徹底ぶりがディズニーランドそのものの価値を高め、さらに信頼を育んでいるのです。そしてこうした本物志向の高級レジャーランドの存在そのものが、東京の魅力を一段とグレードアップすることにつながります。

流行の最先端をいく銀座界隈。サービス精神に富んだディズニーランド。そうしたスペースが「強い個性化」というデフレ時代にマッチして、日本経済を底支えしていることを忘れてはなりません。

中国株投資は薦めない

いま中国に熱い視線が注がれています。二〇〇八年の北京オリンピック、二〇一〇年の上海万国博覧会とつづくわけですから、それも当然でしょう。

そうしたなかで「中国株への投資」もしばしば話題にのぼります。

しかし著者はそれを薦めません。

なぜかというと、中国の企業は非常に経理が不透明だからです。まず中国の上場企業は一〇〇パーセント粉飾していると見ていいと思います。そんな株式への投資は危なくてとても推奨できません。

情報も不足しています。日本の『会社四季報』や『会社情報』のような信頼のおけるデータ・ブックは中国にありません。あっても信用できません。書き手がみな買収されているからです。記者が取材に行くと「取材手当て」と称して金一封を手渡されるのが日常茶飯事なのです。そうして書かれた記事やデータがどこまで信用できるでしょうか。

中国にはこんなジョークがあります。「上場とはなにか」――「投資家ではなく、経営者が一攫千金《いっかく》のチャンスを得ることだ」と。

よほど慎重にやっても日本の投資家は騙《だま》されます。そんなところに投資をするという愚かな真似はやめたほうがいいと、著者は忠告しておきます。

経済に関していえば、中国にはいまものすごく深刻な問題がふたつあります。ひとつは水です。水がない。もうひとつは電力不足です。

水と電力がなぜないかというと、東西南北を貫くネットワークがないからです。北京を中心とした華北は極端に水が不足しています。ところが華中は揚子江（長江）があるから余ってしようがない。余った挙句、洪水になる。だったら水不足の華北に送ればいいのにと思うでしょうが、余った水を華北に運ぶパイプがないのです。

電力はなぜないか。送電線というネットワークがないからです。上海と南京の間にすらありません。送電線が全地域を覆っているのは東北三省だけ。それは戦前の日本が敷設したものです。これだけしかありません。

いま武漢の奥に三峡ダムができて発電がはじまりましたが、つくられた電力は武漢までまだ届いていません。南京に送る、上海に送るなど、夢のまた夢です。上海の停電など、非常に有名になってしまいました。毎日毎日、突然停電するのです。テレビが突然消える。パソコンもオーディオも突然止まってしまう……。

水と電力。重要なふたつのインフラが整備されないかぎり、中国の真の意味での成長は不可能です。

そんな中国の株式に投資することはとても薦められません。

第2章

デフレ時代の個人資産形成

長谷川慶太郎

第1節　なぜ株式投資が有望なのか

世界経済の基調は「デフレ」

著者がすでに『長谷川慶太郎の大局を読む』（ビジネス社、二〇〇四年刊）で明らかにしたように、二一世紀は二〇世紀と大きく異なり、世界全体の経済活動は徹底した「デフレ」基調になります。

その背景として挙げるべきは、二〇世紀後半、米国主導による「一極支配体制」が確立されたことです。すなわち、世界全体が米国の支配体制の下に置かれるようになったこと。これが現在および今後の国際秩序を形成する基本的なパターンなのです。

では、それがどうしてデフレにつながるのかといえば、唯一の「超・超大国」である米国が君臨するこの地球上で「大規模な戦争」が勃発《ぼっぱつ》する危険性はまったく解消されたからです。きわめて巨大な「需要」を意味する大戦争の可能性がなくなれば、当然のことながら、世界のあらゆる分野において「供給過剰」という現象が発生します。

需要を大幅に上回る供給。それはいうまでもなく物価の下落を引き起こし、デフレを加速させます。しかもそうした流れを打ち消す要素としての大戦争の可能性は、いまのところどこにも見あたりません。

そうだとすれば、デフレが世界経済全体の基調となるのは「理の当然」というべきでしょう。

デフレの定着は必然的に経済活動のあらゆる分野に変化をもたらします。物価は右肩下がりに下落していく。当然、不動産の価格も下がります。それは不良債権を増大させる恐れにつながります。

デフレはまた「低金利」をもたらします。「金利」というのは「資金」という商品の代価に他ならないからです。

資金を借りるに際して「借り手」は、借り入れの代価として「貸し手」に一定の金利を支払う約束をしなければなりません。ところがデフレ下にあっては、資金そのものも供給過剰になり市場にダブつきますから、借り入れの代価としての金利も下落することになります。二一世紀の金融市場にあって「低金利」は当然の結果なのです。

これからは低金利が定着します。二一世紀全体を通じて低金利はずっと継続していくはずです。銀行に預金をしても「〇・〇一パーセント」、いや「〇・〇〇一」パーセントの利息しかつかない「超低金利」状態が今後とも長くつづくと覚悟しておかなければなりません。

「濡れ手に粟」の時代は終わった

現在とは反対に需要が供給を上回るインフレ時代は、いうまでもなく「高金利」でした。

インフレ下にあっては「資金」という商品もきわめて供給不足でしたから、いかにして資金の供給を受けるか、借り手側も必死でした。あえて不利な条件を忍んででも金を借りたい。借りた資金で不動産投資をすれば確実に儲かったから、高い金利を支払ってでも資金を調達しようと努めました。それがきわめて高い水準の金利を形成することになった最大の理由です。

高金利のインフレ時代、個人の金融資産形成にあたってもっとも有効かつ安定した戦略は「預貯金」でした。その典型が「郵便貯金」です。しかもその郵便貯金には、一〇年満期のきわめて有利な金融商品がありました。「定額貯金」です。年利は最高時で八パーセント（一九八〇年）。

これだけ高い金利のついた金融商品が、絶対に倒産あるいは経営破綻に陥る心配のない政府の経営する金融機関（郵便局）で売られていたのです。しかも一〇年間、金利（利息）に対してさらに金利（利息）がつく「複利」でした。

いまではとても考えられないくらいの好条件です。

郵便貯金の限度額である三〇〇万円を預けておけば、金利が金利を生んで、一〇年後には元利合わせて六〇〇万円を超えました。自分はなにもしないで、ただ郵便局に預けておきさえすれば、元金は二倍以上になったのです。

最初に預けた三〇〇万円は翌年には三二四万円になり、さらにその翌年は三五〇万円、その次の年には三七八万円、その次は四〇八万円……面白いように増えていきました。なんの努力も知恵もいらずに金融資産が二倍になる。それが高金利のインフレ時代の特徴です。

民間の金融機関も「定期預金」というかたちで金融商品を売り出していました。ただしこれは期間が五年に限定され、しかも「単利」でしたから、金利に金利がつくことはありません。そのため「定額貯金」と真正面から競争しうるだけの力は到底もつことができません。それでも利息はぐんぐん増えていきました。

ところがデフレの時代を迎えると、郵便局のあの定額貯金もいまや一〇年モノで金利はたったの「〇・〇六パーセント」。以前の「八パーセント」と比較したら金利など「ないも同然」というべきでしょう。

八パーセントなどという金利は夢のまた夢。いまや「濡《ぬ》れ手に粟《あわ》」の時代は完全に過ぎ去りました。

預貯金では資産形成はできない

デフレ下の超低金利状態では、郵便貯金をはじめ、一連の金融機関に預貯金をする方法は、もはや時代遅れといわざるをえません。

わかりやすく、前と同様に三〇〇万円を郵便局の「定額貯金」にしたとします。一〇年モノでも金利は〇・〇六パーセントの半年複利ですから、その増え方は次のようになります。

最初の三〇〇万円が半年後に三〇〇万一八〇〇円、一年後に三〇〇万三六〇〇円、二年後でも三〇〇万七〇〇〇円強、三年後三〇一万円……一〇年経っても利息は五万円にも達しません。

まさに牛のごとき歩み。これではとても金融資産は形成できない。

すなわち、金融資産形成の方法として「預貯金」の地位はいまや急速に低下したのです。言い換えれば、個人が金融資産を形成しようとするとき、預貯金はまったく役に立たなくなってしまった。預貯金で資産形成をしようなどという考えは、実質的には資産形成の努力を放棄するに等しいといわなければなりません。

これがデフレ下の冷厳なる現実です。

日本銀行が民間金融機関に対して提供する資金の代価である「公定歩合」も、現在は〇・一パーセント。戦前戦後はいうまでもなく、人類史上最低の水準まで落ち込んでしまいました。これひとつをとってみても、デフレ時代に金利を当てにするのがいかに愚かなことか、だれにでもわかります。

超低金利のデフレ下では、金融資産形成の戦略も大きく変えざるをえません。インフレからデフレへの転換は、かつての常識を全面的に覆すことを要求しているのです。

第2節　債券投資の地位は低下した

「国債」は金利も発行額も減少する

あらゆる価格が右肩下がりで下落をつづけるデフレ時代においては、固定金利の下で発行される証券である「債券」の金利も、当然のことながら大幅に下落する運命を免れません。債券発行にあたって提示される固定金利、すなわち「長期金利」もこれからは急速に低下していきます。

現在もっとも巨額で、かつまた債券市場で大きな地位を占めている長期債券はいうまでもなく「国債」です。当然この国債の金利水準も低下します。

先にも述べたように「金利」とは「資金」という商品の代価ですから、資金がダブついているなかでは金利は必然的に下がるのです。

しかも、デフレ時代における政府は「小さな政府」を志向します。

それはいったいなにを意味しているか。

財政について「徹底した健全化」が求められるということです。

国家が国民に対して提供する一連の「サービス」も徹底して削減されます。国家が提供する社会秩序の安定や法律の執行、あるいは社会福祉といった行政サービスは極力カットされます。ただしその分、行政サービスの代価も値下がりする。すなわち「税金」についても値下がりするのがデフレ時代なのです。「減税」の時代がやってきます。

インフレ時代のような「大きな政府」の役割は消滅する宿命にあるといっても過言ではありません。

大戦争勃発の不安がなく、供給が需要を上回るようになった世界では、どの国も国際競争を勝ち抜くためには「赤字」ではなく「黒字」に移行する財政政策をとらざるをえません。そうでなければ「メガ・コンペティションの時代」(大競争時代)を生き抜けないからです。

かくして「長期債券」の最大の需要先である「財政赤字」が解消し、やがて消滅するとすれば、「国債」の発行額も縮小するか、あるいはかぎりなくゼロに近くなっていきます。

市場開放の時代

二〇世紀の最大の特徴であった「国家総力戦」の下にあっては、国家の果たす役割は非常に大きく、また強いものでした。

戦争を遂行するために必要な軍需品も――圧倒的に多くの部分は民間企業に発注されたとはいえ、少なくともその維持・管理・補修等々の業務については陸海空軍がみずから保有する工場を使いました。またそうすることによって国力も強化されていきました。

しかし前述したように米国主導の「一極支配体制」が確立され、この地球上に大戦争勃発の可能性がほとんどなくなるとすれば、いかなる国家も「国境の壁」を低くします。

言い換えれば、国内市場を開放するようになります。これにつれて世界各国から、企業であれ、資本であれ、商品であれ、またアイデアであれ、技術であれ、さまざまなものが自由に入ってくるようになります。そして国内のそれと激しく競争するようになる。これが自然の成り行きです。

世界は一体化した巨大なマーケットになります。

いかなる国家もオープンな体制をとらざるをえません。また、そうした体制をとることによってのみ、その国の経済も成長できるのです。もちろん、日本も例外ではありません。

したがってこれからは自国の産業に関して「保護政策」をとることが経済強化につながるのではなく、保護政策はむしろ逆に自国を崩壊の危機にさらすことになります。

ここでも二〇世紀とはまったく逆の現象が起こっていることを知るべきです。

「国債」利回りは〇・五パーセントを割り込む

大戦争はない、政府の役割は小さくなる、したがって資金需要はない。当然、長期資金調達（その代表は国債）の必要性も大幅に減退します。

需要が減退する分野においては、その価格は下落します。単に下落するだけでなく、そうした分野の下落の速度は、全体的な価格水準の下落よりさらに加速されるというのが経済現象の「鉄則」です。

したがって「債券」の利回りは釣瓶《つるべ》落としのように急速に下落すると見なければなりません。そうだとすれば――「債券」投資によって金融資産を形成しようという手段・方法も、デフレ時代においてはまったく成り立ちません。

長期金利はデフレ下においては急速に下落します。おそらくは短期金利と同じ水準、あるいは若干それを上回る水準まで下がりつづけていくことは自明の理なのです。

現在、日本の「国債」につけられている金利水準は一・三パーセントです（二〇〇四年二月）。たしかにいまのところは短期金利である「公定歩合」の〇・一パーセントと比較した場合、大きな乖離《かいり》があります。しかしここ数年のうちにこの差はどんどん縮小していくでしょう。

言い換えれば、一パーセントをはるかに下回る超低金利が「債券」利回りの基準となる時代が間もなく到来すると見なければいけません。

債券の利回りは、民間銀行の提供する長期の金融資産である「定期預金」の金利と不断に競合しなければならなくなります。日本国政府の発行するもっとも信用度の高い長期債券である「国債」の利回りについても、一パーセントはおろか、〇・五パーセントはもちろん、それよりさらに低い水準に落ち込む事態を十二分に予測しておく必要があります。

したがってデフレ下では「債券投資」による個人資産形成という方法も有効ではないと承知しておかなければなりません。

第3節　有利になった株式投資

配当は利子よりずっと有利

一般個人が金融資産形成をもくろむとき、「預貯金」もだめ、「国債」も頼りにならないとなれば、残るは「株式投資」ということになります。

「株式」というのは、株式会社が資金を調達するために発行する証券です。株式会社が毎期計上している収益を「配当」というかたちで、投資家である株主に配分するための証拠となる証券。表現を換えれば、株式とはすなわち「利益配分証券」なのです。

二〇〇四年二月現在で、年間配当利回りが二・五パーセント以上になる銘柄を調べてみると、四〇銘柄近くあります。利回り二パーセント以上となったら一〇〇銘柄前後になるはずです。

同じ時期の東京三菱銀行の「スーパー定期」を例にとれば、一〇年モノで〇・一五パーセントの利息ですから、年二パーセントの配当でも一〇倍以上の差がつきます。
しかも「利子課税」は二〇パーセントですが、「配当課税」のほうは昨年（二〇〇三年）四月の法改正以降、二〇〇八年三月までは一〇パーセントで済みます。つまり、「預貯金」の利子に対する課税より「配当」に対する課税のほうが負担が少なくて済むようになったのです。

上記のように、一〇パーセントという「配当」課税は一応、二〇〇三年から二〇〇八年まで、五年間の「時限立法」ということになっていますが、著者の観測によれば――五年後に「配当」課税は本来の二〇パーセントに戻されるのではなく、おそらくは「ゼロ」になるでしょう。

これまで日本は、一般国民の貯蓄をいったん金融機関に集めて、それを企業に貸しだす「間接金融方式」を主流にしてきましたが、これからは株式投資を中心として、企業が直接、投資家から資金を調達する「直接金融方式」に移行します。昨年の新税制の導入がこうした方向性を雄弁に物語っています。

これによって、金融資産を形成する際、「株式投資」という方法はますます有利になっていきます。

株式投資の本質は「投機」

株式投資はただ「配当」を狙うだけではありません。投資した銘柄の値上がりによって、さらなる利益を得ようとする経済行動でもあります。

したがって株式投資で収益を上げるには、株価の変動をうまく予測しなければなりません。ところが株価の変動は文字どおり先行き不透明な経済現象ですから、予測が百発百中することはほとんどありえないといっていい（予測がすべて的中したら、それはまさに「神業」です）。

値上がりを見込んで買ったのに、株価は下がる一方だというときは、悔しくても寝かせておかなければなりません。これを「塩づけ」といいます。

さらに、株式投資を行う人はだれでもそうですが、可能なかぎり短い期間で、可能なかぎり多くの利益を上げたいと考えます。

そこで「信用取引」というシステムが登場してくるのです。

一定の担保を入れてその額以上の売買を行い、儲けをできるだけ大きくする手法です。もし「買い」から入るならば値上がりによって利益を上げ、「売り」から入るなら値下がりによってその「差益」を手にしようとするわけです。

しかし、いずれにしても神ならぬ身、狙いが必ず当たるとはいえません。

そこで、株式投資の本質は「投機」だということを心得ておく必要があります。いついかなる場合でも投資家はこの原理原則を忘れてはなりません。

もうひとつの特徴は「短期投資」が「長期投資」に転換してしまうこともあるということです。「塩づけ」がその代表例です。短期間に値上がりするだろうと期待して投資したのに、もくろみどおりに株価が上がらないときはスパンを長くとって、株価が上昇し、利益がでるようになるまで待たなければなりません。最悪のケースは「倒産」によって株券がただの紙屑《かみくず》になってしまうこともあります。

いつの場合もそうですが、「投機」には「リスク」がつきものなのです。

デフレの時代に金融資産をつくるとき、元金が保障された「預貯金」や国家が後ろ盾になっている「国債」に比べて「株式投資」が有利であるといっても、背後にはそうしたリスクが控えていることだけは知っておく必要があります。

豊田家の「帝王学」

商品の取引の場合も事情はまったくいっしょです。

原料を購入して加工し、それを製品化して販売しようとする製造業の場合でも、原料となる商品の価格は不断に変動します。それに対応するためには、原料がもし商品取引所に上場されているなら、必ず商品取引所に「つなぎ」をかけなければなりません。「つなぎ」とは「リスク・ヘッジ」といわれる場合の「ヘッジ」、つまり「危険防止策」といったような意味です。

一九世紀初めに本格化した繊維工業、とりわけその中心となった綿紡績を例にとるならば、製品である「綿糸」の生産コストの七五パーセントは原料である「綿花」の価格でした。原料となる綿花の価格が絶えず変動する以上、紡績会社の経営者たちは必ず綿花の商品取引所で「つなぎ」をかけます。すなわち、「綿花」の値下がりによって製品である「綿糸」価格も値下がりしそうだと見れば、その損失を回避するために経営者たちは綿花の先物取引所で「空売り」を入れたのです。そうしなければ安定した企業経営を実現することは不可能でした。

日本でももちろん事情は変わりません。「つなぎ」は紡績業界の経営者にとって必要不可欠な常識です。

著者はかつて、トヨタ自動車の「戦後最高の経営者」として高く評価されている豊田英二氏と対談した際、その話を聞いたことがあります。

豊田英二氏は若いころから豊田家の後継者と目され、いずれ経営の責任者たる地位を継承しなければならない存在として一種の「帝王学」を施されました。愛知一中を卒業して旧制八高（現・名古屋大学）に入学したその年、夏休みに帰郷すると、創業者であり発明家であった豊田佐吉翁から、こういわれました。「おまえは豊田家の後継者として紡績会社の原則を学ばなければならない。ついては大学ノートを持ってこい」と。

大学ノートには、まずニューオーリンズ（米国）とカラチ（パキスタン）における綿花の産地相場を書く。ついでニューヨーク（米国）とリバプール（英国）における消費地相場を記す。その次は円相場の欄。そしてポンド（質量）あたり、ペニーで表示された綿花の国際相場の変動を書き込む。そこに円相場を掛ければ、国内の綿花の輸入価格を算出できます。最後の欄は大阪商品取引所の綿糸相場（基準になる二〇番手の綿糸相場）。これを毎日書き込めといわれたそうです。

こうした一連の相場の動きを把握することが、紡績会社の経営戦略の基本となっていたわけです。

原料である綿花は国際相場で決定され、その価格はポンド（貨幣）あるいはドルで表示されます。それを今度は為替相場の変動を通じて円に換算し、綿花の価格すなわち予想される入手コストを計算する。そしてそれを製品価格である綿糸の日々の相場と比較して――綿花の値下がりによって製品である綿糸価格が値下がりしそうだと見れば、その「損失」を回避するために綿花の先物取引所で「空売り」を入れました。

先物取引の重要な機能のひとつといえましょう。

こうした操作をすることが紡績会社の経営を安定させる最大の道なのであると、佐吉翁は若き豊田英二氏に教え込んだのです。

豊田英二氏は、このようにして経営者として必要欠くべからざる原理原則を徹底して叩き込まれましたと著者に語ってくれました。

「投機」を本質とする株式投資を行う場合も、ある意味ではこうした細心の努力が要求されるのです。

デフレ下の株式投資の妙味

企業がこうした緻密《ちみつ》な経営戦略を忘れなければ、いくら物価が下落するデフレ時代だといっても収益が大幅に低下することはありません。

たしかにデフレとは「売り手に地獄」「買い手に極楽」です。

株式を発行している企業は典型的な「売り手」ですから、基本的には「地獄」の苦しみに喘《あえ》がなければなりません。しかしそんな「売り手」にも生き延びるための手段・方法がないわけではありません。

競争相手の提供できない、品質・性能のすぐれた、同時にまた「買い手」の気に入りそうな商品やサービスをより安い価格で提供していけば「売り手の地獄」から逃れることができるでしょう。したがってデフレによる企業間競争は激化します。そして競争の結果は株価にも反映されることになります。

デフレ時代の企業経営者の担っている責任はインフレ時代とはまったく様相を異に

するのです。

一方に「売り手地獄」を脱そうとする企業間の競争があり、他方に「極楽」気分を満喫しながら自分の個性を強く主張したいと考える「買い手」の嗜好の変化がある。これによって市場構造そのものも抜本的な変革を迫られ、株式配当の水準も日常不断に変更が行われます。

こうした激動を乗り切るには凄まじい勢いで進行する「技術革新」の波に乗り遅れないだけでなく、そうした流れをリードできるだけの大規模な「研究開発投資」を断行することが必要になります。それに成功すれば、いかに「売り手に地獄」のデフレ下であろうとも、その企業は生き延びることができます。いや、生き延びるだけでなく躍進することも可能です。逆に、そうした対応をとれなければ株式を発行するその株式会社の存立そのものが危うくなります。

そんな「明暗の二極分化」が起こるのがまさにデフレの時代です。

これを投資家の立場からいえば――いかにして企業のそうした優勝劣敗を見分けるか、伸びる企業をどのようにして探しだすか、それが「投資」の成否を分けるカギになってきます。

積極的に研究開発を進め、きわめて気まぐれな買い手の動向に的確に対応できている会社。経営者の発想の柔軟さ、あるいは経営戦略の機動性を十二分に発揮して収益を飛躍的に上げている企業。細心の注意を払ってサービス向上につとめているグループ。そんな銘柄を選べば、デフレ時代とはいっても株価の上昇は十分に見込めます。

ここにこそ、デフレ下で「株式投資」を行う妙味があるといえます。

TOB対策で「配当」が一挙に二〇倍！

それだけではありません。最近はTOB（敵対的な株式公開買い付け）が非常に盛んになっています。

米国系投資ファンドの「スティール・パートナーズ・ジャパン・ストラテジック・ファンド」（SPJSF）は、東証二部上場の化学メーカー・ユシロ化学工業につづいて東証二部の毛織物染色大手・ソトーに対してもTOBを仕掛けました。両社がこれにどう防戦したかといえば、ともに一株あたり配当を当初予定額から大幅に引き上げて、SPJSFの株買い付けを阻止したのです。

ユシロ化学は「一九円」の配当を「二〇〇円」に、ソトーは「一三円」をやはり「二〇〇円」に引き上げました。配当が一挙に一〇倍から一五倍に跳ね上がりました。「現株」（株券）をもっていた投資家はまさに「濡れ手に粟」です。

こうした配当政策の変更は、個別の株主にとってはまったく予想外のことです。まさに僥倖《ぎょうこう》というべきでしょう。

しかもそれは、受けとれる配当が増えることを意味するだけではありません。増配は株価の急上昇をもたらします。現に、ユシロ化学もソトーも株価は短期間でほぼ倍（！）になりました。

株式投資の妙味はこんなかたちでも現れるのです。

これは偶然発生した現象ではありません。単に企業収益の結果だけでなく、自社の経営権をめぐる争奪戦（ＴＯＢ）の産物として、これからもおそらくきわめて激しい配当政策の転換が無数に繰り返されるだろうと、著者は見ています。

繰り返せば、株式投資とは「投機」によって、可能なかぎり短い期間に、可能なかぎり多くの利益を確保しようとする経済行動です。これはけっして「善悪」を指し示すものではありません。純粋な経済行動です。そうである以上、めざされるべきはあくまでも「収益」なのです。

第3章 世界経済の行方を読む

長谷川慶太郎

第1節　日米連携がポイントになる

米国の圧倒的な軍事力

二一世紀全体を通して見た経済活動の基調が「デフレ」であるというのは、前章でも述べたように米国主導の「一極支配体制」が完全に確立したことの結果です。

二〇〇三年三月に勃発した「イラク戦争」によって、中東最強の軍事力を自称し、かつそれを誇っていたイラクは軍事的にきわめて短期間に崩壊・解体・消滅してしまいました。イラク戦争で示された米軍の軍事力、とりわけその軍事技術の持つ破壊力の凄まじさについては世界全体が十分に認識し、強いインパクトを与えられました。

米軍の持つきわめて巨大なこの軍事力に対しては、世界のどんな国も正面から対抗することはできません。それと対決するだけの軍事力はいかなる国も保有していないのが現状です。

じっさい米国の軍事力を支える軍事予算を見ても、二〇〇五年財政年度（二〇〇四年一〇月一日〜二〇〇五年九月三〇日）で四〇〇〇億ドル（四四兆円）にのぼります。これは日本の防衛予算（約五兆円）の一ケタ上、EU（欧州連合）加盟一五か国の軍事予算を合計した金額のちょうど二倍に相当します。二〇世紀における最後の大戦争であった「冷戦」で米国と対抗してきたソ連邦――その後継国家であるロシア連邦の軍事予算のざっと四〇倍です。

こんな米国と同等の軍事予算を組みうる国はこの地球上には存在しません。

こうした量的な面での米国の軍事力の凄まじさを上回るものとして、軍事技術の優位性を挙げることができます。

最新鋭の弾道ミサイルや、厚いコンクリートを突き破って地下深くにある防御施設も破壊するバンカーバスター爆弾、あるいは大型ケースに詰められた数百個の子爆弾が広範囲に飛び散るクラスター爆弾など、これまた世界全体に大きなインパクトを与えたことはいうまでもありません。

国際秩序は安定化へ向かう

イラク戦争が開始される前後、イラクのフセイン政権と並んで国際社会から一種の「アウトロー」として扱われ、みずからもその地位を自認してきたリビアのカダフィ政権もついに昨年の一二月、米国との地下交渉を通じて、それまでの対外強硬政策を全面的に転換することを公言せざるをえませんでした。

従来は絶対的に拒否してきた核開発計画に対するＩＡＥＡ（国際原子力機関）の徹底した査察を受け入れ、さらに、いままでに建設してきた核開発研究施設を全面的に撤去することに合意し、わずか一か月そこそこの間に新路線を実行に移しました。この現実は米国による「一極支配体制」の威力がいかに大きいかを端的に物語るものです。

日本ではあまり知られていませんが、リビアのカダフィ政権は世界全体の「テロ組織」に対する最大のスポンサーでした。

たとえば英国が戦後ずっと苦しんできたアイルランド独立運動のテロ組織ＩＲＡ

（アイルランド共和軍）はカダフィ大佐を最大のスポンサーとしてきました。国際社会の一員としてふるまう決断を示したカダフィ大佐がＩＲＡへの支援を打ち切ったことは、ＩＲＡのテロ活動の絶対的消滅を意味します。

アジアも例外ではありません。フィリピンで活動しているテロ組織ＭＮＬＦ（モロ民族解放戦線）も完全にカダフィ大佐の支援下にありました。

二〇〇〇年四月、ＭＮＬＦのメンバーを中心に結成されたテロ・グループ「アブ・サヤフ」がボルネオ島にあるマレーシア領のリゾート地を襲って二〇名以上の欧州人観光客を人質に取り、ひとり一〇〇万ドルの身代金を要求した事件でも、そのことは端的に示されました。

フィリピン政府をはじめ、関連国の政府はＭＮＬＦに対して外交努力をつづけ、人質解放を強く求めました。しかし一向に成果は上がりませんでした。ところがその一年半後、カダフィ大佐が介入すると、たちまち全面的な解放が実現したのです。解放された人質たちはドイツ、フランス、イタリア、英国等々、みずからの本国に帰還する前にリビアの首都・トリポリを訪問し、カダフィ大佐に解放のお礼を申し述べるという一場面さえ演出されたものです。

現在も活動しているインドネシアのテロ組織「ジェマ・イスラミア」もカダフィ大佐をスポンサーとしていました。

カダフィ政権がこうした対外的な強硬路線を全面的に転換したことは、国際的なテロ活動を抑制するうえできわめて大きな効果を発揮するはずです。

テロ活動を展開するためには「巨額な資金」と「多くの人材」、さらには「高度な技術」を必要とします。そして、このいずれをとっても特定のスポンサーの存在を抜きにしては成り立ちません。そうした有力なスポンサーのひとりだったカダフィ大佐が路線転換をしたわけですから、その影響はけっして小さくはありません。

米国の「一極支配体制」は、少なくとも大々的なテロ組織を水面下に押し込み、国際秩序を安定させるという点で、きわめて大きな、同時に決定的な役割を演じているといっても過言ではありません。

全世界の五割を占める日米のGDP

二〇〇一年九月の同時多発テロによって世界全体が震え上がりました。

そこで、この大規模なテロを組織し実行した「アル・カイーダ」という国際的な組織をなんとしても抑制し、彼らの行動をチェックし、さらには同時多発テロの再発を防止するために徹底した国際的な協調活動が組織されました。それは現在も機能しています。おそらくこれからも国際的なテロ対策を名目とした国際協調はつづけられるはずです。

その協調は米国中心にならざるをえません。世界全体の治安警察あるいはテロ対策といった活動はすべて米国主導の下で行われるようになります。

もちろんこれは、自由経済市場を基軸とする現在の体制に対して強い不満を抱く人たち、あるいはそうした勢力にとってはけっして好ましい事態ではないでしょう。しかし地球全体の圧倒的多数を占める人たち、つまり一般勤労者、一般生活者にとっては、この「秩序安定」と「平和維持」はきわめて大きな効果をもたらします。一言でいうなら「テロの封じ込め」あるいは「戦争の抑止」の経済的な現れが「デフレ」なのです。

前述したように、いまのところは米国主導の「一極支配体制」に挑戦し、それに取って代わろうという勢力はこの地球上には存在しません。それは軍事力だけでなく、経済力からしても当然の帰結です。

米国の占める経済活動の規模はＧＤＰ（国内総生産）ベースで、世界全体のほぼ二七パーセントを占めます。この米国ともっとも密接な関係を有し、かつ米国と協調する路線を敷く日本（一六～一八パーセントの占有率）を加えるならば、両国のＧＤＰだけで地球全体の経済活動の四五パーセントに達します。なんと、ほぼ半分です。

これに対応するためにヨーロッパでは、欧州全体の経済活動を統合するためにＥＵをつくりましたが、到底日米同盟には及びません。

表現を換えるなら、日米両国の経済が世界全体のほぼ五〇パーセント近いシェアを占めつづけ、その両国が協調路線をとっているというこの現実は、現在のデフレが長期化するという見通しを正当化します。なぜなら、これだけの圧倒的なパワー（軍事力＋経済力）が重しとなるから、地球上に破壊と消耗をもたらし、「供給」を大幅に上回る「需要」を喚起する「大戦争」など起こるはずがありません。

著者の考えでは、おそらく二一世紀全体、つまりこれから一〇〇年近い長期にわたってこのデフレ状態がつづきます。

米国の財政赤字は一気に解消できる

では、世界の中心に位置する米国の景気は今後どうなるか。

いちばん問題になるのは、よくいわれるように「双子の赤字」です。すなわち、財政赤字と貿易赤字。二〇〇三年会計年度の「財政赤字」は過去最悪の四五五〇億ドル(約五〇兆円)で、「貿易赤字」は五〇〇〇億ドル(約五五兆円)です。

どちらが簡単に処理できるかといえば、財政赤字の方です。

ここ一〇年ほどの推移を見ても、湾岸戦争当時(一九九一年)は赤字でしたが、その後クリントン政権になると、ぐっと赤字幅が減り、一九九六年からは黒字に転換していきます。そして二〇〇〇年にブッシュ大統領が登場しますが、この年もまだ黒字でした。ところがイラク問題がクローズ・アップされたころからふたたび赤字に転落しています。

米国という国は、財政政策に関してはものすごく柔軟で機動的なのです。したがって財政赤字も日本のように構造化していません。

米国は大統領を選ぶときも州知事を選出するときも必ず予備選挙を行います。そうした予備選挙を通じて候補者と有権者とが非常に密接な関係を持つようになります。政策上の意思疎通もきわめて緊密に行われます。したがって、いったん大統領が「財政赤字を縮小しよう」といえば、文字どおりあっという間にその方向へ行けるのです。二〇〇四年一〇月一日からはじまる「二〇〇五年財政年度」の財政赤字は約五〇〇〇億ドル（五五兆円）と算定されています。しかし実際には、さらに一〇〇〇億ドル（一一兆円）ほど増えるでしょう。上乗せ分の一〇〇〇億ドルの最大の理由は国防予算です。そこで次年度の国防予算は、先に述べたように四〇〇〇億ドルを超えることになります。

しかし、もしこの国防予算を削減すれば、米国の財政赤字などたちまち解消できてしまうのです。

そういう点で米国はとても機動的な国です。情勢の変化にすぐ対応できる。機敏で迅速な対応が可能な国なのです。その点では世界一でしょう。他の国はとても真似ができません。

その意味で米国の財政赤字は、解消しようと思えばすぐにもできます。

財政赤字が減れば、国債を発行して赤字を補塡《ほてん》する必要がなくなりますから、米国の長期国債の発行額もどんどん減っていく。いまは三兆八〇〇〇億ドル（四二〇兆円）前後ですから、一〇兆ドル（一一〇〇兆円）のGDPに対しては四〇パーセント弱です（ちなみに日本は、五〇〇兆円のGDPに対して国債の発行残高は七〇〇兆円ですから、なんと一四〇パーセントにものぼります）。

日本と違って米国の場合は、財政を立て直そうとすれば一気に実現できる水準にあるのです。

「一体化」した日米経済

したがって、現在米国で構造化された赤字といえば貿易赤字です。これはなかなか解消できない。その理由は三つあります。

①米国の国内産業構造が、製造業からサービス業にシフトしてしまったこと。モノは諸外国から輸入しなければならないから、どうしても輸入超過になってしまいます。

②冷戦が終了したこと。冷戦時代、米国は、東側諸国に隣接した西側諸国に無償で

農産物を供与してきました。そうした余剰生産物の処理や農業所得の安定を図るために「農産物価格支持制度」があったわけですが、冷戦の終結によって、その必要はなくなりました。ところが、そうした「農産物価格支持制度」があったせいで米国の農産物の質が低下してしまったのです。小麦も大豆もトウモロコシも、米国産のものは他の国の産品より質が悪くなってしまった。それで急速に競争力が失われ、貿易赤字に一層拍車をかけることになっています。

③米国自体がモノづくりに興味を失ってしまったこと。これも赤字の大きな要因です。米国には消滅してしまった業界がたくさんあります。たとえばワイヤ・ロープの会社。これは一社もなくなってしまいました。ニューヨークにある大きな吊橋の架け替えなどはすべて日本のメーカーに発注せざるをえない。そういう分野がたくさんあります。貿易赤字はますます膨らむ一方です。

こうしたことから見ても、当分の間、米国は貿易赤字を解消することはできないでしょう。「双子の赤字」の片割れである貿易赤字の重さに耐えていかなければなりません。

ところが――日本は貿易収支で黒字を稼ぎ、そうして貯めたドルを為替市場で売っています。当然、「ドル安円高」になる。だから円高をある一定の範囲内で食い止めるために、政府・日銀は市場介入をすると同時に、貯めたドルで米国の長期国債をどんどん買っています。したがって米国の長期金利は安くなります。長期金利が安いから住宅ローンの金利も安い。新築住宅も建てやすい。それで米国の景気が上向く。それにつれて日本の景気もよくなる……。

そんな循環ができるわけです。その意味では、日本と米国の経済運営は完全に一体化したといえます。

こうした日米関係を「不安定」だと見るむきと、「いや、そうではない」という人がいます。圧倒的多数の人は「不安定」だと見ているようですが、しかし著者はまったく反対の見方をしています。

先ほど、世界全体で日米両国のＧＤＰは四五パーセントのシェアを占めると指摘しましたが、この両国の経済が崩壊したらどうなるか。世界全体の経済がたちまち潰《つぶ》れてしまうことは火を見るより明らかです。そんなことができるでしょうか。できるはずがないのです。

今後、日米両国は手を携えて景気回復の道を進んでいく。それが経済の原則であり、歴史の必然だというのが著者の観測です。

第2節 「デフレ」で世界はこう変わる

「自己防衛」の時代

世界全体のGDPの四五パーセントを占める日米両国を中心に景気回復が進むという見通しは、しかしインフレの時代がふたたびやってくるということを意味しません。何度もいうように、大戦争の起こりえない時代の基調は「デフレ」だからです。どの国も「小さな政府」「黒字財政」をめざさなければなりません。

そうした流れのなかで経済はどう変わっていくのか。

国有企業の民営化も本格化し、もはや「親方・日の丸」を頼みにすることはできなくなります。

インフレ時代、一般大衆から集められた巨額の郵便貯金はいわゆる「財投」(財政投融資)を通じて特殊法人あるいは公益法人——すなわち実質的な「国有企業」の運営原資として使われてきました。それだけ資金がダブついていたのですが、しかしそうした方式はデフレが本格化する二〇世紀末には決定的に崩壊してしまいました。

特殊法人や公益法人あるいは政府出資法人といったかたちの国有企業自体、デフレ時代にはもはや適応できない過去の遺物となってしまったのです。採算は落ち込み、経営状態も急速に悪化し、最悪の経済組織として崩壊・消滅の道を進むしかありません。

じっさい、財投でつくった各種施設はいまや維持できず、二束三文で叩き売っていることはよく知られています。二〇〇三年四月、朝日新聞は「これは一体何なんだ」と題してこんな記事を載せています。

《プールが1050円。武道場も1050円。体育館は1万500円……。これは入場料や貸し切り料ではない。／思わず目を疑うような価格で、特殊法人の雇用・能力開発機構（旧雇用促進事業団）が、所有してきた福利厚生施設を地元の自治体に売っている。／1050円のプールは鹿児島県川内市にあり、2770万円でつくられた。2880万円をかけて埼玉県川越市につくられた武道場も、1050円で売られた》

こんな現状から見ても、国有企業は間もなく全面的に崩壊・解体・消滅せざるをえない運命にあります。もはや「親方・日の丸」などアテにできない。年金も破綻寸前だし、前述したように郵便局に定額貯金をしても金利はほとんどゼロです……。

これからは個人個人が「自己防衛」をしていかなければいけない。それがデフレ時代の特徴です。

生活は縮小・ローンも厳禁

デフレが世界経済の基調であり、しかもそれがきわめて長期間にわたって継続するという前提に立つならば、生活態度を大幅に変更することが求められます。

それだけではありません。ローンを組んで巨額の耐久消費財を購入するという路線も絶対に選択してはなりません。

デフレは、あらゆる物的資産の価値が日々不断に減少していくことを意味します。

巨額の長期ローンを組んで住宅を入手したとしても、入居したその瞬間から住宅は

「中古」として扱われ、新築当時の価格のほぼ半値に一挙に下落するのが通例です。

しかも巨額の住宅ローンを組んで、都心からはるかに離れた郊外に庭付き一戸建ての住宅を購入したサラリーマンが、ある日突然リストラに直面して職場を追われた場合、毎月のローン返済はほとんど不可能になります。文字どおり一瞬のうちに自己破産の道を選ばなければならなくなる。そんなケースがあまりにも多く発生しています。

ローンを組んで物的資産を購入する路線は、インフレ時代の個人資産形成としては有利に働きましたが、デフレ時代にあってはむしろ自己破産への道だと覚悟すべきでしょう。

同様のことは乗用車など、その他の耐久消費財にも当てはまります。

米国では、ローンで乗用車を買う人はほとんどいません。大半がリースです。「所得税申告」にあたってリース料金が「損金」扱いされているからです。

日本でも法人税の算出においてはリース料金の「損金算入」が認められていますが、個人の所得税ではいっさい「損金」扱いされることはありません。法人と個人とでは、同じ所得税課税に際して、基準金額の算定に大きな較差がついているのです。

これは明らかに不合理です。

したがっておそらくあまり遠くない時期に、日本でも個人所得税を算定する際、リース料金が「損金」として認められるようになると思います。そうなればローンを設定して高額の耐久消費財を購入するという選択は完全に姿を消すことでしょう。

所得税の申告のとき、支払った家賃（リース料金）が「損金」扱いされるとなれば、住宅市場の姿は激変します。乗用車だけでなく住宅にしても「リース」すなわち「借家」を選ぶようになるだろうからです。

教育も個性化の時代

教育投資についても似たようなことがいえます。

インフレ時代の急速な経済成長と結びついた「高学歴＝高所得」という保障はデフレの時代にはまったく通用しません。全国的に名の通った一流大学を卒業して、経営規模の大きな一流企業に就職したとしても、その企業が存続するとは必ずしもいえません。昨今のドラスティックなリストラや企業合併を見れば、それはよくわかります。倒産あるいは企業解体という事態に直面して職を追われるケースがいかに多いことか。

しかも再就職をしようとしても、高学歴であるがゆえにその機会を阻害されるというケースもこれまた多いのです。このあたりのことも十分に承知していなければなりません。

高学歴をつけさせるために、子供たちを掛けもちで学習塾に通わせるなどということは極力避けるべきです。高い塾代を取られるだけのことです。

学校教育は「知的財産」というサービスを買い手である生徒・学生に対して提供する産業であると規定するなら、教師の能力次第で、その効率はずいぶん変わってきます。そこから学校間の教育格差も発生します。

そうだとすれば、ある意味では必要最低限度の基礎学力を徹底して身につけることに成功しさえすれば、それで義務教育は終わる、という発想に立つべきです。高度な知識あるいは技術を身につける場は、公立学校ではなく別の教育機関に委ねるようになるでしょう。そういう時代が必ず到来します。

二〇〇四年四月から発足する全国国立大学の「独立行政法人」への移行はまさしくその先触れだといえましょう。

独立行政法人への移行は、まず教育内容の充実、そして教官の能力の向上、さらに教育施設の充実を求めることになります。したがって、志望者が多く競争倍率が高い有力な国立大学の授業料はより高くなり、志望者が定員に満たず教育水準も低いと目される二流・三流の国立大学では逆に授業料を引き下げて、そうした事態に対応しなければならなくなります。大学間の競争がはじまる。それが一層激しくなる。大学のサバイバル・ゲームがはじまります。

一〇〇校に近い国立大学の間で激しい生き残り競争がはじまれば、当然のことながら三〇〇校を超える私立大学ではそれに輪をかけた激しい競争が繰り広げられることでしょう。

現在でも私立大学の「定員割れ」は全校数のほぼ三分の一と伝えられています。志望者が入学定員に満たない二流・三流の私立大学は、国立大学の独立行政法人移行につれて激しさを加えてくる学生争奪戦できわめて不利な状況に追い込まれます。

これからは大量の「大学倒産」が起こる、と予言しても誤ることはないでしょう。

教育の世界での激動はこれまでの「学歴信仰」を根底から崩壊させます。言い換えれば、一流大学を卒業して高学歴を得たとしても、それはけっして生涯の生活の安定を保障するものにはならない。そうだとすれば、高学歴ではなく特定の分野について徹底した高い技能を身につけることが得策です。そしてそのような流れのなかで「個性化」の傾向も一層強まっていきます。

現に、ここへきて日本でも職人芸の再評価が進んでいます。特定の分野について徹底した技能を身につけることに成功した人たちが社会的にも経済的にも高く評価されるという傾向。これが、デフレ時代のいわば特徴ともいうべき「個性化」の、いわば人的な面での反映です。

第4章
これまでの取引制度とその課題

長谷川慶太郎

第1節　デフレで変わる株式投資

株式は利益配分証券

「株式」というのは株式会社が資本調達をするために発行する証券です。株式会社は資本を提供してくれた株主に収益の一部を「配当」というかたちで還元します。「株式」はその証拠物件ということもできます。

したがって株式投資の最初のポイントは、自分が投資した株式発行企業がどの程度の収益を確保し、それをどういうかたちで配分してくれるのかということになります。言い換えれば、株式投資の基本は株主配当を維持しうる企業、つまり「有配銘柄」が中心になります。

ある時期、景気の後退や経営戦略の失敗等で収益がまったく上がらなくなり、赤字に転落した株式会社があったとしても、その会社が徹底したリストラをして急速に収益力を回復するとすれば、一時の赤字転落は、必ずしもその会社を投資対象から外す条件にはなりません。

ポイントはまず「利益配分証券」というところにあります。

景気の変動、さらにはデフレの場合は「売り手」に課せられた「地獄」という重い負担に、その会社がどこまで対応しうるか——株式投資の対象はそれによって大きく左右されます。

インフレ時代において企業は、ある意味では物的資産さえ保有していれば必ず収益は上がりました。モノの値段がどんどん上がったからです。したがって投資対象銘柄を選択する際も、その会社が大きな不動産を保有しているかどうかを基準にすることができました。

しかしデフレともなれば、保有している物的資産は不断に値下がりの脅威にさらされます。物的資産を銘柄選定の基準にすることはできません。また、ある会社が値下がりのリスクをあえて忍んででも物的資産を保有しつづけなければならないとしたら、それはその社がなにか大きな問題を抱えているからだと判断すべきでしょう。

たとえかなりの不動産を持っていたにしても、大部分の企業においては単にインフレ時代に投資した遺物をそのまま温存しているということにすぎません。そんなケースがあまりにも多いのです。物的資産を投資の目安にすることはデフレ時代には適さないと考えるべきです。

投資のリスクと資金の移動

株式は「配当」を生むだけでなく、株価の上昇を通じて「値上がり益」をもたらします。買ったときより株価が上がれば儲けがでます。そこで値上がりを見込んで一定の銘柄に投資（投機）をする。これを「株式」の第二の本質と呼ぶことができます。

しかし「投機」である以上、必ず「リスク」がつきまといます。だれにしても将来の経済情勢を的確かつ正確に予測する能力は持っていません。上がると思って買った株が値下がりしてしまうこともしばしばです。株式投資はつねに失敗する危険性と背中合わせだということを心しておかなければなりません。

日本でいえば、経済活動に参加している有業人口は七〇〇〇万人近くにのぼります。それだけの数の人たちがそれぞれ日常不断に「最大の利益」を目指して活動しているのです。そしてその結果が日本経済全体を形づくります。

同様に、地球全体では六三億人の七〇パーセント以上の人たち——すなわち四五億人前後の人たちが経済活動に参加しています。それがひとつの集合体として世界経済を織りなしています。

経済とはそれだけ大規模の活動ですから、国内・世界全体いずれをとっても、正確に先行きを予測することは不可能です。そんな予測不能の経済情勢の変化にともなって企業収益も変動する以上、当然のことながら投資家たちの得る利益にも変化が生じます。すなわち、株式投資は予測不能の変動から生じる「リスク」を絶えずともなうものなのです。

この点は何度強調しても強調し足りません。しかもデフレは、そうしたリスクを増大させこそすれ、減少させるものではありません。

そこでたとえば、米国のように金融市場の制度整備が行われた国では、「株式市場」の他に、長期資金の需給をめぐって運営される「債券市場」、さらにはまた各種の商品取引所を中心に展開される「商品市場」、この三つのマーケットが相互に深い関連を持ちながら投資の場を提供しています。

株式投資の先行きに対して不安が生じた場合、すなわち上場企業の収益の見通しに暗雲が漂ってきたと判断したときは、投資家たちは株式市場から資金を撤退させます。保有株式を売却し、それによって調達した現金を今度は商品市場や債券市場で運用しようと試みるのです。

また商品市場で原油に投資していた場合も、たとえば原油が値下がりすると見れば、それまで建てていた「売り」あるいは「買い」の建玉を反対売買によって決済し、そこで調達した資金を今度は債券市場や株式市場で運用しようとします。

そうした選択的行動が日常不断に展開されているから、米国ではこの三つの市場の間での資金移動は円滑かつまた大規模に展開されています。そこに米国の金融市場のもつきわめて強大な、他に類例を見ない安定した投資環境が生まれるのです。

その点日本は、残念ながら、同様に存在する三つの市場が相互に連関し、かつまた徹底的に自由な資金移動を保障するといった環境整備が進んでいません。

しかしながら超低金利がつづき、預貯金も債券投資もメリットがないと判断すれば、その資金を株式投資のほうに移すという、それくらいの動きは簡単です。またそれくらいの機転が利かなければ金融資産の形成など、とても望むべくもありません。

第2節 信用取引制度のメリット

現物取引と信用取引

我が国の株式取引には、「現物取引」と「信用取引」の二つがあります。「現物取引」は、現金で商品を買うのと同じように株式を現金（自己資金内）で買うことです。そして今まで述べてきたように、投資する銘柄を選びその配当金や値上がり益を狙うというものです。

株式投資においては、この「現物取引」が基本です。それは現在インターネット取引で「信用取引」の売買高が増えたと言っても、我が国の株式取引を行っている人の九〇パーセントを超える人々が「現物取引」を行っているということからも実証されています。

信用取引とはなにか

もうひとつの取引制度として「信用取引」があります。これは先に述べた「現物取引」と違いすこし複雑になっていますのでもっと詳しく見ていくことにしましょう。

日本証券金融株式会社（日証金）や証券会社の自己信用を利用して株式投資を行うことを「信用取引」と呼んでいます。

株式を買いたいけれども手元に十分な資金がない、株価が値下がりしそうなので株を売って「売却益」を手にしたいのだけれども株券を持っていないといった場合などに、一定の担保を積んで、買付代金を立て替えてもらったり、売付株式を借り受けたりすることを指します。

一億円の資金を持つ投資家が株式投資に参加する場合、この信用取引を利用することによって（状況にもよりますが）三億円の売買が可能になります。

言い換えれば、株式投資に成功する「三つの条件」の第一の「元金」を有効に、かつまた数倍の規模で活用する道が信用取引なのです。

長年かかって蓄積してきた「元金」の数倍の規模で取引ができるということは株式投資の効率を著しく高めます。大規模な株式投資を行うことを可能にします。表現を換えれば、信用取引制度が充実することは株式市場の取引規模を拡大するうえでもきわめて大きな役割を演じているのです。

ただし「信用取引」のできない銘柄もあります。あまり売買高の多くない銘柄については、信用取引は危険ですから「現物取引」しか認められていません。しかしそういう銘柄はどんどん減ってきているのが現状です。一部の証券会社では全銘柄を自己信用の対象にしているくらいです。

そこで、株式投資をする場合、「現物取引」と「信用取引」のどちらを選ぶか——それは投資家の判断と証券会社の姿勢次第だといえましょう。

信用取引のリスクとメリット

元手の二倍、三倍の投資ができる信用取引は、元金以上の「勝負」をするわけですからリスクもそれだけ大きくなります。「信用取引」で失敗すれば巨額の損失をこうむることがあるという点はよく認識しておくべきです。

信用取引では、一定の期間が経過したら「反対売買」(売った場合は「買い」、買った場合は「売り」)によって損益を確定しなければいけないというルールがあります。このとき、思わぬ損失に慌てる場合が往々にしてあるのです。

ただしこの信用取引は、保有している株式の値下がりによる損失を回避するために利用することも可能です。

ある銘柄を一〇万株保有しているとします。その株式を購入したとき、投資した株価と同水準で「空売り」をかけておけば、万が一株価が購入した時点より大幅に値下がりした場合でも、「空売り」した信用取引を決済することによってその損失を回避することができます。これを「つなぎ取引」といいます。

いわば信用取引を利用することには、

①株式投資の規模を拡大するだけではなく、
②保有している株式の損失リスクを回避することも可能になる。

という大きなメリットもあるのです。

第3節　「期限重視」のシステムと「損切り」

たった六か月間の「夢」

信用取引に参加する資格は、担保を設定することによって容易に獲得することができます。一億円の現金を証券会社に預託して、これを担保とするなら、前述したように三億円にのぼる株式に投資することが可能になります。

ただ、ここで問題になってくるのは信用取引には一定の期限が区切られているということです。普通は、売買当日から数えて一八〇日目、すなわち六か月後に損益を確定します。

信用取引で「売り」あるいは「買い」を行った場合、六か月間はそのまま株価の推移を見守ることができますが、六か月たったら「反対売買」を行って「決済」するか、あるいは別途資金を用意することによって「決済」をしなければなりません。

決済期限がきたとき、もう一度同じ方式によって「信用」を組むことによって実質的に期限を延長させることも不可能ではありません。しかしその際にも、必ずいったん決済をし、発生した「損益」は確定させなければならないのです。

また忘れてはならないのは、信用取引でも株式投資にともなう「売買手数料」を支払わなければならないということです。その負担も十分織り込んでおく必要があります。

もちろん信用取引にもいい面はあります。

①前述のように「元金」の数倍の取引を行えるから、思惑どおりに株価が推移した場合の儲けは大きい。

②決済期限がくるまでは損益を確定しないで済むわけですから、この間は一種の「夢」を見ることができる。

いわば信用取引は投資家に「夢」を与える道具として利用されているのです。逆に、証券会社は個人投資家に「夢」を提供しつつ信用取引の「開設手数料」や「売買手数料」を稼いでいるのです。表現は悪いけれども、信用取引は「麻薬」にも似た作用を及ぼすといえるかもしれません。

「無期限信用取引」は有利か

信用取引は基本的に期限重視のシステムです。

しかし一部の証券会社では決済期限を「無期限」に延長する提案をしています。現に数社のインターネット証券は本年（二〇〇四年）から「無期限信用取引」をスタートさせました。一定の期限がないのですから、好きなだけ「夢」をみることができるし、このシステムを上手に活用するなら途方もない成功を収めることも可能です。

しかし大きな落とし穴もあります。すなわち下手をすれば――顧客はみな死ぬ、ということです。損益を確定する期限のない、文字どおりの「無期限」ですから、歯止めが利かなくなってしまう恐れがあります。失敗すれば、資産を全部もっていかれてしまうかもしれません。

それでなくとも信用取引では、損益を確定したとき思っていたより損失が大きく、大いに慌てるケースが少なくありません。いや、確定した損金が予想よりもはるかに大きく、それに深甚なる衝撃を感じる投資家は多いというべきでしょう。

繰り返せば、株式投資、とりわけ信用取引は「投機」なのです。

六か月間、かなりの値上がり益が発生するのではないかという夢を享受できる一方、決済期限がきたとき初めて巨額の損失を知ってショックを受けることもある。「信用取引」はそうした性格を持っているのです。

「損切り」の怖さ

信用取引が有するリスクにともなって当然発生する損失をどう処理するか、これを株式市場では「損切り」と呼んでいます。

値上がり益を見越して投資した株式が、一定の時間を経過したあと、大幅に値下がりすれば、当然のことながらその差額（損）が発生します。

「現物取引」の場合は、値下がりした株式をそのまま放置することも可能です。しかし信用取引を利用して、保有していない株を売却（空売り）して、その銘柄が値上がりしてしまった場合にはそうはいきません。

例を挙げましょう。

いずれ値下がりするだろうと考えて、株価一〇〇〇円の銘柄を一億円「空売り」したとします。これは一〇万株の取引になります。

予想どおりに株価が九〇〇円に値下がりしたところで「買い」を入れたとすれば、「九〇〇円×一〇万株＝九〇〇〇万円」で買ったものを「一〇〇〇円×一〇万株＝一億円」で売ったことと同じですから（各種手数料を無視すれば）一〇〇〇万円の利益がでる計算になります。

ところが案に相違して、値下がりすると思った株価が一一〇〇円まで上がり、そこで決済期限の六か月がきたとします。「空売り」した株は必ず買い戻さなければならないのがルールですから、「一一〇〇円×一〇万株＝一億一〇〇〇万円」買うことになります。すなわち、「一億一〇〇〇万円」で買った株を上記のように「一億円」で売ったことになりますから、今度は一〇〇〇万円の差損が発生します。

この例では、「空売り」の思惑が外れて一〇〇〇円の株価が一一〇〇円になってしまったから一〇〇〇万円の損がでましたが、これが一三〇〇円まで上がってしまったら損失は一挙に三〇〇〇万円にまで膨れ上がります。

しかも信用取引は元金以上の投資をしているわけですから、損失の穴埋めは大変です。ここに怖さがあるといえます。

「空売り」成功の快感

いま見たケースのように、信用取引で「売り」から入った場合、予想に反して株価が値上がりしてしまったら、もともと持っていない株を売ったわけですから「値上がり損」が発生します。

値下がりするだろうと判断して「空売り」したところ、逆に大幅に値上がりしてしまった場合は「買い埋め」して損失を確定しなければいけません。これを専門用語で「踏み上げ」と呼んでいます。

ここで付け加えておくならば、「空売り」による損失確定はできるだけ早目に行うことです。《損切りは素早く》というのが業界の訓えです。

一般に「空売り」は株式投資の経験の少ない投資家にとっては容易に決断できない、リスクの大きい投資形態といっていいでしょう。

これに対して「買い」の場合は、値上がりを見込んで買った銘柄が値下がりしても、

「買い」を入れた全額を追加投資すれば「現物株」に変化させて引き取ることができます。そうすれば、「目下は評価損」というかたちで損失を潜在化する道を選ぶこともできます。そしてやがては、期待どおりに上がる日が来るかもしれません……。

しかし、空売りの場合はそうはいきません。損益は一定期間の後にどうしても確定することを迫られるのです。

逆にいうなら、空売りで儲けることは株式投資の玄人あるいは半玄人といわれる投資家にとってはそれだけ腕が鳴る手法なのです。空売りに成功したときはきわめて強い昂奮、鮮やかな快感、大きな満足を覚えます。一般の投資家とは逆を行き、思い切った決断力を発揮して空売りを断行し、それに成功することは、野球でいえば場外ホームランをかっ飛ばすようなものです。株式相場に対する判断力の正しさを自負する機会になります。しかもそれは大幅な利益とも結びつきます。

そうした快感を味わうのは、経験豊富な株式投資家にとってはなにものにも代えがたい瞬間といえましょう。

第4節　信用取引制度の課題

信用取引制度の問題点

　こうした信用取引制度にもまだまだ課題は残っています。いくつかの問題点を指摘しておけば次のとおりです。

①証券会社は、思惑外れによる損失について投資家になんの注意も与えてくれない。
②信用取引は「自己責任」とはいえ、テコの原理によって「元金」以上の取引をするため、巨額の損失がでることがある。
③差し出していた「保証金」（担保）が、相場の変動によって足りなくなってしまった場合「追証」を迫られる。

この「追証」とは、株式の評価損や担保価値の目減りなどによって追加して差し出さなければならなくなる保証金のことです。保証金が一定の率（最低は二〇パーセント）を下回った場合、「追証」が必要になってきます。保証金の率は証券会社によって異なりますが、いずれにせよ一定の率を下回ったら「追証」を入れなければならないのが決まりです。

④信用取引にあたっては取引している全株を通算した損益が問題にされる。

何銘柄か儲かっている株があったとしても、ひとつの銘柄が大幅な損出を計上した場合は「追証」を求められる場合もでてきます。そうすると、投資家は身動きがとれなくなってしまいます。

思いつくまま、問題点を書きだしてみましたが、このいずれにも共通しているのは信用取引のシステムそのものが顧客の方を向いていないということです。証券会社の都合のいいようにできているのです。

それは信用取引の成り立ちとも関係しています。

貸し手に有利な信用取引制度の成り立ち

信用取引が開始されたとき中核になったのは日本証券金融株式会社（日証金）です。これは日銀の子会社です。

なぜ日銀がそういう子会社を通じて信用取引をはじめたのか。

証券市場を振興する必要があったからです。

一般個人は投資をするのに必要な「元金」を十分に持っているとはかぎりません。そこでわずかに持っている「元金」を利用して、その数倍の取引を可能にするために信用取引というシステムを導入したのです。そこで日銀は日証金に対して低利で、しかも別枠で資金を貸し出しました。

昭和三〇年代の半ばすぎまで金融には枠がありました。対象の産業を甲乙丙の三つに分類していたのです。

「甲」は国の基幹ともなるべき製造業。

「乙」は製造業ではないけれども経済活動に対して緊要性をもった産業。具体的にいえば輸送、建設、流通業です。こうした絶対になければ困る産業を乙に分類しました。そして「丙」は、当時としては、あってもなくても経済活動にあまり支障をきたさないだろうと見なされた産業です。すなわちサービス産業や飲食店、これはみな丙でした。

そんなふうに分類して「甲」には必要な資金を無条件で融資しました。「乙」については査定をする。「丙」にはなかなか融資に応じない。

信用取引に必要な原資はいうまでもなく「丙」に属します。簡単には融資をしてもらえませんでした。しかし、それでは株式市場の振興は進まない。そこで別枠を設けたというわけです。

日証金をつくり、ここを通じて行う信用取引には日銀が無制限に資金を供給するようにしました。これがそもそものはじまりです。

したがって信用取引のシステムは、資金を提供する側に都合のいいようにできています。第一、そうでなかったら日銀が損をしてしまいます。だからそれ以外に手はなかったのだともいえます。

証券会社は貸し手ですから、貸し手に有利な現行制度はやめたくはない。それで改革が進まないという一面もあるのです。

改革の第一歩

証券業界はまた、長いこと護送船団方式でやってきました。ほとんど一〇〇年近く「右へならえ」でやってきました。

護送船団方式がはじまったのは昭和二年、金融恐慌のときからです。西暦に直せば一九二七年。今年でもう七五年を超えています。

証券業界が本格的に「免許制」になったのは昭和四〇年（一九六五年）です。それまでは「届出制」でした。それが昭和四〇年の「山一恐慌」をきっかけにして証券取引法が全面改正され、免許制になりました。

その結果どういうことが起こったかというと——証券業界の経営者たちは、管理監督している大蔵省（現・金融庁）の方にしか顔を向けなくなってしまった。だから顧客本位の新しいシステムの導入などにはなかなか踏み切らない。また、踏み切らなくても食っていけると思っていた。証券会社の連中は相場がひと跳ねすればみんな儲かると思っていたのです。

顧客をどう惹きつけるか、顧客にどんなメリットを与えるか、そういうことにはほとんど努力をしてきませんでした。

しかも前述したように日本の金融は、一般国民の貯蓄をいったん金融機関に集め、それを企業に貸しだすという「間接金融方式」がメインで、株式投資のような「直接金融方式」は傍流でした。そのため「改革をしなければ」という機運が起こりにくかったともいえます。

もっとも「間接金融」重視は、ある意味ではやむをえないことでした。戦時経済の時代には国民から少しでも貯蓄を吸い上げ、それを金融統制令で軍需産業だけに注入しなければ戦争など維持できなかったからです。その結果、日本は「間接金融」が主流になってしまい、その流れが戦後もつづいたのです。

しかし経済がグローバル化したいま、これでは世界に通用しません。

そこで二〇〇三年度から税制を変えて、「直接金融方式」を奨励するようにしたわけです。それが、配当課税は一〇パーセント、同時に源泉課税済み配当については総合所得には算入しないという税制改正（前述）につながったのです。日本にとっては画期的なことですが、しかし改革の余地はまだたくさん残されています。

第5節　やっと生まれた、新しいシステム

楠大史という人

著者のところにはあらゆる方面から新しい商品やシステムにおける情報が入ってきます。そして著者なりに分析をしています。

ある時、「株式取引の新しい制度を創った人がいる」という情報を聞き、早速詳しく調べてみることにしました。そして彼が証券業界にとって大きなムーブメントを巻き起こすと確信に満ちた直感がしたのです。

著者が「塩づけなし現物取引」と「追証なし信用取引」の二つの新しい取引を発明・開発した楠大史さんに着目したのは、彼が金融・証券業界でビジネスモデル特許となりうるような画期的なアイデアを出し、新しい取引として実施レベルまで具現化しているからです。

ビジネスモデル特許は、日本ではスタートしたばかりの状態です。日本にビジネスモデル特許が少ないのは、金融業界、証券業界を通じていえることですが、みな頭をつかって考えないからです。与えられた条件の下でしか動こうとしない。だから新しいシステムも生まれません。

その点米国は、自主的かつ自発的に頭を使ってトレーニングをしてきていますから、次々と新しいシステムも生まれています。そういうパターンができ上がっているのです。

日本の金融・証券業界も早く米国並みにならなければ立ち遅れてしまうというのが、著者のかねてからの持論です。そう思っていたところ、楠さんが「塩づけなし現物取引」と「追証なし信用取引」で特許を出願したという話を耳にしました。

しかもこの新システムは今までにない画期的なアイデアで、著者もこの新システムの内容を十分理解し分析した上で、十分ビジネスモデル特許となりうると思いました。

日本においてビジネスモデル特許は、ビジネスの方法自体は特許にはならず、あくまでビジネスに活用されるコンピュータやインターネットの技術的なものに限ることになっています。

そこで楠さんは、この新しい取引を証券会社が投資家に提供する際に、証券会社にとって必要不可欠なそれらの取引専用の社内コンピュータシステムや、インターネットの技術システムについて詳しくビジネスモデル特許を出願しているのです。

ビジネスモデル特許は一度確立されると二〇年間その権利を保障されます。このビジネスモデル特許出願により、これが楠さんの発明した独自のアイデアであるということも証明されたわけです。

ビジネスモデル特許となりうるアイデアを出せる人材は、ざらにいるわけではありません。一定の分野で特許を確立するのはたいへんなことです。非常に得がたい人材だといっても過言ではありません。

しかも特許を取っただけでなく、それを現在の証券取引のメインである「現物取引」と「信用取引」にアプライ（応用）し、広く利用できるようにしました。

つまり小さく隙間《すきま》の商品として確立するのではなく、現行の仕組みそのものを改革させるような方法を、楠さんの周りに集まった数名のスペシャリストとのチームで、この取引の仕組み自体はもちろんのこと証券会社がこの取引を投資家に提供するのに必要なコンピュータソフトの一号機や約款他を各種著作物として具現化しているのです。

その上金融庁という監督官庁から「当該システムは現行の法体系の下で合法的である」というお墨付きをノーアクションレター制度によりもらったとも聞きました。これは大きな力になります。

楠さんはこの取引が、すべての個人投資家のために、新しい定番の取引としてすべての証券会社で広く提供されるようになることを願っているようです。

このノーアクションレターの回答により、証券業界において正々堂々とそれを確立し、広めていける権利を確保したといってもいいでしょう。

「期限重視」か「限度設定」か

楠さんの発明になる「塩づけなし現物取引」と「追証なし信用取引」は、次章以下、楠さんご自身の筆によって詳述されます。

ここでは、その中から特に先ほどから詳しく述べてきた「信用取引」の制度を、個人投資家に有利で安全に改善した「追証なし信用取引」の概要について簡単に触れながら、新しい二つの取引に共通する特長について著者の感想を併せ述べておきましょう。

信用取引の特性は「延べ払い」というところにあります。すなわち「信用」を利用して元金を数倍にして株式投資を行うわけですが、しかしいずれは（普通は六か月後）借りた資金を決済しなければならないからです。

問題は、いつまで延べ払いが認められるかという点にあります。

それをめぐって信用取引も二つに大別されます。

①決済期限を重視したもの。

②損切りの限度を設定したもの。

期限にポイントをおけば、その期限内なら損失の幅は問わないわけですから、損失はどんどん膨らんでいく可能性があります。ところが②のように、どれだけ損をしたらそこで取引をやめて決済するという「損切りの限度」を設定しておけば、その範囲以上の損失はありえません。投資家にとってはいずれが有利か。

現行のシステムは①の「決済期限重視」が中心になっています。期限内の損失の発生について、証券会社はいっさい関与しません。だから顧客にとってはキツイわけです。

ところが楠さんの開発したシステムは、②の「損切りの限度設定」にウエイトを置いていますから、一定の範囲以上の損失の発生はありえない。一般投資家にとってはこちらの方がメリットがありそうです。

そこで、二つの新しいシステムの特長を列挙すれば以下のようになります。

①一定率での損切り
②(さらに暴落した際の)一定率での買い取り
③追証なし
④個別株ごとの管理
⑤市場の拡大

投資家が助かる「損切りの限度設定」

①の「一定率での損切り」と②の「一定率での買い取り」についてみてみましょう。相場の変動によって評価損がでた場合、そこで自動的に「損切り」をするというのは、投資家にとっては助かります。

たとえば新しい信用取引では、一〇〇万円の取引に際して三〇万円の担保を入れておき、損失がその三〇万円を上回ってしまいそうになった時に、間髪を入れずに証券会社がその株を売りに出します。それでも市場で売れない時は、最悪でも担保として入れた三〇万円以上の損が出ない価格で、その分の株を証券会社が引き取ってくれます。

どうしてそんなことができるのか。それは近年の規制緩和で株の市場外での売買が解禁されたことによります。

そして引き取った株式は、また値動きして証券会社に儲けがでる可能性があります。反対に損失が出る可能性もありますが、それについては、証券会社は玄人ですからその分の損失のリスクに関しては、顧客より受け取る売買手数料や信用取引の金利を使ってリスクヘッジを行えばいいのです。

また、一定以上の損失が出る前に証券会社がその分の株を引き取るというのは、証券取引のプロである証券会社のリスクヘッジのノウハウを最大限に活用したアイデアといえましょう（個人ではそんな芸当はできません）。

よく考えると株式取引を行っている株式市場の参加者のうち、損失に対するリスクヘッジのノウハウを持っていないのは、個人投資家だけです。機関投資家をはじめとして大口のプレイヤーはすべてこのノウハウを持っているのです。

現在の日本では個人投資家にそのリスクヘッジのノウハウを提供できるのは、直接個人投資家に接している証券会社だけですので、それを新しいサービスとして証券会社にやってもらおうと楠さんは考えているようです。

新システムの長所

③の「追証なしシステム」以下のポイントについても、駆け足で感想を述べておき

ます（これは「塩づけなし現物取引」にはなく「追証なし信用取引」についてのみある特長です）。

信用取引を行う投資家にとって「追証」はつらいものですが、これにも相応の存在理由があります。信用取引を利用して「追証」がなかったら、証券会社は個人投資家に無限に資金を提供しつづけるようになってしまう危険があります。そこで証券行政の一環として「追証」というシステムの導入が認められたのです。

しかし今度の新システムの下では、いま見たように「損切りの限度」が設定されていますから、当然「追証」は発生しません。

④の「個別株ごとの管理」にもメリットがあります。

日本の信用取引はいままで、決済はすべてトータルでした。だから、持っている銘柄がひとつ大暴落すると、あとの株式が上がっていても追証を求められたり、そしてその追証を入れられなかった場合は持っている株すべてを売られてしまうということがありました。

ところが新システムは一株、一株、別々に決済しようと提案します。いくつかある株式を総合して損益を確定するのではなく、一株ずつ損益を見ようというのです。例えばこれを信用取引の融資について言うならば、専門用語では「ノンリコース」と呼びます。わかりやすくいえば、他に累が及ばない（非《ひ》遡及《そきゅう》型の）方式です。

ひとつひとつの株について個々別々に決済する。そのほうが投資家にとって楽なことはいうまでもありません。

⑤かくして、ビギナーがこの新システムで安心して株式取引を始めたり、現物取引で塩づけ株ばかりつくって株式取引はもうこりごりという人たちがまた安心して株式取引を再開したり、またはこれまでは怖くて信用取引に近寄らなかった現物取引のユーザーたちが信用取引に移ってくることになれば、市場はかなり拡大されるはずです。

現在、現物取引と信用取引の比率はほぼ「五」対「一」です。もし現物取引から信用取引へ移行するユーザーのことだけを考えても、新システムによっていまの五倍の顧客が信用取引に移ってくれれば……証券市場は目をみはるような活況を呈することでしょう。

「四つの変化」の起爆剤

楠さんが開発した「塩づけなし現物取引」と「追証なし信用取引」が普及するようになれば、株式取引をめぐる光景もずいぶんと様変わりします。何点か予想してみましょう。

①証券会社の社内環境が改善される。

先に見たように「個別株管理」を特長とする新システムは一株ごとに顧客の口座管理を行い、さらに「損切り」の限度・時期についても一株、一株確認するわけですから、取引はすべてコンピュータ管理になります。この点をきちんと管理しないと「塩づけなし現物取引」と「追証なし信用取引」の運用は不可能です。

現在、顧客の帳簿をすべてコンピュータで管理している証券会社は意外に少ないものです。松井証券など、「e-トレード」を行っているところはそれができていますけれども、地場証券は非常に立ち遅れています。したがって、もしこの二つの新しい取引が行き渡るようになったら、それは証券会社の近代化・合理化につながります。

②証券会社の体質が顧客本位に改善される。

このシステムは「投資家（顧客）本位」を謳っているだけあって、顧客にとってはどこにもマイナス要素が見当たりません。個人投資家の「新規株式投資参入」や「信用取引進出」の呼び水になる可能性は強いといえます。

またこのような顧客本位のサービスを導入するのかしないのかで、その証券会社の顧客に対する姿勢がうかがえると言っていいでしょう。

間違ってはいけません。顧客本位のサービスと言っても、投資家が手数料の無料化やディスカウントばかりを望んでいるわけではありません。他の業界と同様に有料でもいいから付加価値のついた新しいサービスを望んでいるのです。

これからは、できるだけ「顧客本位の投資方式を提供したい」と考える証券会社と「今までどおりの投資方式の提供でいい」と言っている証券会社との選別が始まると言っていいでしょう。著者は全国の多くの投資家のために、この新しい取引方法のサービスの心ができるだけ多くの証券会社に認識され、提供されていくことを望んでいます。

③したがってこの手法をうまく活用できれば、日本の株式市場にとっては「個人株

主育成」のチャンスが生まれます。

④最後に日本全体をとれば、金融市場の資金の流れが「間接金融」から「直接金融」に変わっていくなか、その転換を加速する要因になりえます。

この四点が「塩づけなし現物取引」と「追証なし信用取引」が引き起こしうる「変革」として考えられます。

基本に忠実であれ！

最後に――個人投資家が著者にいちばん聞いてみたい点は、この「塩づけなし現物取引」と「追証なし信用取引」をどう使ったらいいのか、あるいはこのシステムを使ってどんな銘柄を買ったらいいか、というアドバイスではないでしょうか。

しかし残念ながら、それらの点については先にも述べた著者の「年来の主張」を繰り返すしかありません。

すなわち、投資に成功する条件は**「元金」「情報」「度胸」**です。デフレ時代にあってはとりわけ「情報」と「度胸」が大事です。

銘柄の選別についても、目のつけどころはその会社の**「キャッシュ・フロー」「研究開発投資」「従業員の平均年齢」**ということになります。

これらの要素はいずれも取引の方法とは関係がありません。ご自身でよく検討するしかありません。

そしてよく検討した上で株式購入をする際には、これら新しい取引方法が抜群の効力を発揮することでしょう。つまり著者が冒頭で述べてきた投資のポイントを押さえつつこの取引を利用すれば、株で勝てる確率が数倍にもはね上がる要素を持っているということなのです。

第5章

新しい株取引を創った理由

楠　大史

素朴な疑問からのスタート

私が新しい株取引の方法を創ろうと考えはじめた理由は、ごくごくシンプルなものです。

約二〇年間株式投資を経験してきて私が気になっていたのは、「証券会社が私たち個人投資家に提供してくれる株取引の方法にはなぜ現物取引と信用取引しかないのだろうか」ということでした。

また、リスクヘッジのことも気にかかっていました。株式市場にはいろいろなプレイヤーが参加してきます。私たち個人投資家のほかは、機関投資家や証券会社のディーラーなど、ほとんどが株取引のプロと呼ばれる人たちです。彼らは株取引で出る損失に対して、「金融工学」などに基づいたむずかしそうなテクニックを用いてリスクヘッジを行っているそうです。それを知って、私は急に恐ろしくなったのです。リスクヘッジという防御システムをまったく身につけずに株式市場に出ているのは私たち個人投資家だけではないか。なんと危険なことだろう!

私自身、これまでの株人生で大きく負けたこともあります。しかしそれは自分自身の相場観のなさが原因だと思い、一〇〇パーセント自己責任だと考えていました。もちろん、それはそれで正しいのでしょうが、しかし大きな負けに対するリスクヘッジは個人投資家にも絶対に必要だということを強く感じたことも事実です。リスクヘッジは損失を小さく抑えてくれます。それこそが株取引のプロたちが行っている「勝つ秘訣」だと思ったのです。

では、どうすればいいのか。

最初に気づいたのは、彼らにリスクヘッジを頼めばいいのではないかということでした。なぜなら私たちの株の売買を取り次いでくれる証券会社は株式取引のプロなのだから。

具体的にいえば、証券会社がいままで私たちに提供してくれていた「現物取引」と「信用取引」（どちらの場合も証券会社は単に顧客の注文を株式市場に通すだけでした）に、株のプロとしてのリスクヘッジのノウハウをセットして、新しい取引方法として提供してもらおうということです。

虫のよすぎる話かもしれませんが、その取引方法で株を買えば、リスクヘッジすなわち保険的な機能が備わるのだから、大きな損が出ることを自動的に防げます。そんなものがあればいいなと思ったのです。

そこで私は親しい証券マン数人に、「証券会社でこんな株の取引方法をつくってもらえませんか」と聞いてみました。すると彼らからはみな同じような答えが返ってきたのです。

「証券会社はいまあえて個人投資家向けに新しい商品はつくらないだろうな。だって、これからは個人投資家は自由にネットでやってください、というのが証券会社の本音なんだから」

証券会社はいま、富裕層をターゲットにした営業に目が向いています。なぜなら「一〇億円動かすお客さまも一〇〇万円動かすお客さまも手間は同じ」という本音があるからです。つまり、よほどの富裕層でないかぎり、インターネットで勝手にどうぞということなのです。

そして個人投資家も、これまでのような証券会社の営業マンのサービスを離れて、自由に、しかも手数料も安くて済むインターネット取引に移ろうとしています。株式投資はそういう方向に大きく動いているのです。

しかし従来型の売り上げアップのための営業ではなく、証券会社が持っているリスクヘッジのノウハウを個人投資家にも提供してくれるサービスであれば、（電話取引とかインターネット取引とかといった注文方法に関係なく）だれもがみな諸手を挙げて賛成するのではないでしょうか。

しかしそういったところで証券会社にはつくってもらえそうにもなかったので、私は自分でそんな新しい取引方法を創ってしまおうと考えたのです。

金融商品って自分で創れるの⁉

ワクワクしながらアイデアをまとめ、リスクヘッジ機能のついた「新しい株取引方法」を具体化しようと考えはじめたときにまず気がついたのは――私がいま創ろうとしているのは「新しい金融商品」であり、それには驚くほど法律の縛りがあるということでした。

それまで「何々商法」といった金融商品をめぐって、それを扱っていた人が出資法違反などで捕まったという話は新聞やテレビなどでもよく聞いていました。もちろん今回私が創った金融商品は人に害をおよぼすものではありませんが、違法であっては何の意味もありません。

しかし法律といわれても私自身は国立大学の農学部出身ですから、法律の勉強などしたことがありません。この件に関しては、私ひとりではどうにもならないと思いました。

そこでまずは弁護士の先生に基本的なことを聞くところからはじめようと考え、だれか知り合いに弁護士がいないものかと思いめぐらせました。というのも、こんな突拍子もない話、しかもまだ形にも何もなっていない金融商品の相談をするのだから、真剣に、親身になって聞いてくれる弁護士の先生でないと無理だと思ったからです。

そして思い出したのが、年がひとつ下で子供のころからの大秀才、ストレートで東京大学法学部に入って弁護士資格を取った従妹でした。しかし彼女は弁護士資格は取ったものの、いまは活動はあまりしていないと聞いていましたので、だれかいい先生を紹介してもらおうと考えたのです。それも、彼女には相談内容をまったく告げずに、女性の勘と目でいちばん信頼できる弁護士の先生を紹介してもらおうと思ったのです。

そうしてお会いしたのが和久田修先生でした。

後日聞いた話ですが、彼女は和久田先生に「一度私の親族の者の話を聞いてやっていただけませんか。ただし山師のような人なので、間違いはしっかりといってあげてください」と伝えてアポイントを取ったそうです。

私自身の名誉のためにいわせてもらえば、私はけっして山師と呼ばれるようなタイプではありません。昔から、新しいことを思いつき、それを創るのが好きなだけなのです。それが親族からは山師のように見られていたのかと、そのとき初めて知りました。そういえば彼女は久しぶりに会うたびに「いま何しているの」と聞いてきたものです。その時々で私は、自分が新しく考えていることを少々誇張して語っていたような気がします。

もっとも、私のことを山師といった彼女には何の悪気もなかったと思います。彼女がいちばん信頼している和久田先生を紹介してくれたわけですから。それだけは明らかです。

新しい株の取引方法の完成

そんな出会いにもかかわらず、和久田先生は私のアイデアや創りたい金融商品、そしてその方向性まで、熱心に話を聞いてくれました。後から聞いた話ですが、和久田先生は人権派の弁護士として有名なかたで、今回の件に関しては専門外だったそうです。その時まで私は、弁護士に専門があることすら知りませんでした。

私が夜遅く事務所にうかがうと先生は、はだしにスリッパというラフな格好で、ものさしで背中をぼりぼり掻きながら出ていらっしゃいました。そして、「外国人のホステスさんの事件をやったんだけど、また弁護士費用をもらいそこなったよ」などというのです。ぶっきらぼうだけれども、とても人間味に溢《あふ》れた頼りになる先生です。

本題に戻ります。

私の話を長時間にわたって聞いた後、先生は一言次のようにいいました。

「これはいいことだぞ。やってみろよ。これが法的にだめだというなら、法律を変えたほうがいいんじゃないか?」

予想外の言葉に私は驚き、

「でも先生、最初から完全に法に触れる部分があったら、最低限そこを直して考えたほうがいいんじゃないですか？　もっとも、私は法律のことは何もわかりませんけれども」

私のほうがブレーキをかける役目になってしまいました。すると先生は、

「お前、現代国語は得意だったか？」

学生時代、現代国語は得意だったので、そう答えると、

「まず商品を創ってから、六法全書を引いて証券取引法とか貸金業法を読んでみろ。法律というのは『何々をしてはいけない』という具合に、禁止事項が羅列されているから、そこに引っかかったらその箇所を直せばいい。条文の解釈がわからなかったらいつでも相談にこい」

そういってくれたのです。

私も納得し、商品の概要を決めてから、六法全書でそれらの法律を一から読みはじめました。自分の創った商品に関する条文でしたので、思ったよりも楽しく、興味深く読み進めることができました。そしてどう解釈すべきかわからないところが出てく

ると、そのたびに和久田先生のところへ聞きに行きました。そんなふうにして、まるで高校の現代国語の通信添削を受けるような一年が過ぎました。その一年で、後輩の学生たちにこうアドバイスできるようになりました。「中学・高校時代の現代国語の勉強は法律を学んだり、使ったりするときに大変役に立ちますよ」と。

証券取引法や貸金業法、またそうした法律に関する解説を読み漁ったうえで、ついに自分自身、法的にはまず問題はないだろうと思える第一案ができました。

それは従来の「現物取引」と「信用取引」をそれぞれ改良した新しい株の取引方法でした。

現物取引に関しては「塩づけ株」が発生しないうえに、リスクは自己資金の三〇パーセントまでというもの。信用取引についていえば「追証」が発生せず、自己資金以上のリスクはない、という新しい金融商品――リスクストップ株取引です。

テスト営業開始

早速第一案を企画書にして、何社か証券会社に持ち込み、「いっしょにやってみませんか。画期的な金融商品です」と売り込みました。相手は大会社から中小の会社までさまざまだったのですが、反応はどこも同じでした。

「実績は出ているの？」

「お客さまの反応はどう？」

「二年分くらいの実績と決算書がないとねぇ」

そしてやっと、「いいねえ」といわれても、

「うちはだめだけど、ある人を紹介するよ。あそこならやるかもしれないから」

ところがそこへ行くと、再び「実績はどうなの？」と、振り出しに戻ってしまいました。

そうこうするうち、金融商品を創るひとつのポイントが見えてきました。それは、たとえ金融商品の設計を完成させたとしても、紙の上だけではだれも話に乗ってくれないということでした。

規模は小さくてもいいから、実際に自分たちでお客さまに提案し、テスト営業をしてみなければいけない。そしてその反応や業務の流れ、さらにはお客さまと提供者側の損失リスクの発生率を含めた営業実績をつくる。それを最低でも一年から二年積み

重ねる。そうしなければ相手も乗ってこないということがわかったのです。

しかし資金が限られたなかで、新しい株取引方法を実際にテストするにはどうしたらいいのか。

証券会社を設立するには、資本金が少なくとも一億五千万円以上は必要になります。それより資金のかからないファイナンス会社をつくり、貸金業登録を行ったうえで「信用取引」に似た株式の担保ローンを行ったほうが早道だという結論に達しました。

株式の「信用取引」も実質上は、投資家が証券会社から融資を受ける一種の「担保ローン」であるということがこの時点では理解できていたのです。

たとえテスト営業であったとしても、自分の創った金融商品をファイナンス会社として売り出すには当然、貸金業者として東京都へ登録する必要があります。貸金業登録はその名のとおり、あくまでも「登録」であって官公庁の「認可」ではないので、一定の条件が満たされていれば基本的には問題なく登録されます。

登録も無事終わり、私は新たに登録された業者を対象とする役所の説明会に参加しました。まわりを見わたすと、出席者のほとんどは腕にゴールドのブレスレットをしたパンチパーマのお兄さんたちでした。休憩時間に聞こえてきたのは「最近の素人はたちが悪いからなぁ」といった話。なかなか貴重な体験をさせてもらったと思っています。

そうこうして何とか新しい金融商品のテスト営業を開始しました。商品のPR方法は、チラシや証券業界新聞などへの広告、あるいは友人関係を通じた口コミでした。

そして営業をはじめて一年ほど経った段階で、私が創った新型株式担保ローンの融資残高は約三億円、実質稼動の顧客数は一〇〇人前後になりました。

しかもこの新型の金融商品はファイナンス会社の融資商品であるにもかかわらず、顧客への取り立てや集金がまったくないという特長を持っていますので、お客さまとはすこぶるいい関係を築き上げることができたのです。

その後数年にわたって取引方法の変更や業務フローの見直しなど、数々の修正を行いながら、この第一案は予定どおり新しい金融商品としての実績を残しはじめました。

王道を行く！

当初私は、この取引は「隙間産業」のひとつで、一部のかただけに大ウケするものだと考えていました。しかしテスト営業を行っているうちに、こんなに個人投資家によろこんでもらえる取引ならば、もっと多くの人が利用できるようにやはり証券会社に取り扱ってもらったほうがいいのではないかと思いはじめました。

そして従来の株式取引に**「個別株ごとの管理」「一定率での損切り」「暴落時の買い取り」**という三つの要素をつけたこの新しい株取引方法は、多くの個人投資家にとっても絶対に必要なツールであるという確信をますます強めるようになったのです。

その頃私はユーザーのかたがたの反応を通して、この新システムは「とんびが鷹《たか》を生んだ」と自負するようになっていました。だったら「鷹」を「とんび」の器のなかだけで育てて小さくしてはいけない。「鷹」を育てるためにもう一歩大きく踏み出さなければいけないと決心したのです。そのときテストをはじめてすでに三年が経っていました。

その三年間、いろいろ考えて試行錯誤も繰り返した結果、個人が創ったものを正式な金融商品として世に出すには、次の六つの項目をクリアしなければならないということが明確に見えていました。

①法律

②行政官庁の適法承認
③特許・著作権の確保
④専用コンピュータソフト一号機
⑤リスクに関する数理式
⑥運用実績

このうち④~⑥については、ファイナンス会社としての三年間の営業のなかで、すでにでき上がっていました。このあたりまでくると、自分としてはほぼ完成が見えてきていました。あとは①~③の部分をクリアすることです。

著作権に関しては、前職の映画制作やそれに関するなかなかむずかしい著作権裁判をハリウッドで経験していましたので、何とか自分で公開しておくことができました。

しかし特許や法律については、専門の先生に相談しなければできません。自分の創った金融商品なので、その基本概念をいちばんよく知っているのは私自身ですけれども、それを特許という面からみたらどうなるのか、さらに特許明細書にはどう示せばいいのか、そういったことは専門の先生に相談したほうが確実だと思いました。

そして私が出会えた弁理士の先生がたは、幸いにも本当のスペシャリストでした。

私の思い入れの大きさや金融商品の内容を徹底的に聞いて、私が勝手に隅に追いやっていたような考えが実は大きなポイントであるということまで引き出してくれましたし、特許申請の事務的な手続きはもちろんのこと、この商品の運営上の注意点などに関してもずいぶんアドバイスをしてくれました。

最大の難関

しかしまだ、金融商品の最大の難関が最後に残っていました。

金融商品は他の業界の商品と違って、実際にモノはありません。お金が動くだけです。つまり、お金が動くルールを法律に則って固めているだけなのです。言い換えれば金融商品は法律の塊りです。それが本当に法律に則っているかどうか、顧客が被害を受けるようなことはないか、そうした点については金融庁が監督をしています。

その意味でもまずしなければいけないのは、新しい株取引方法の契約形態、そしてそれを実際に証券会社が行う際の業務全般が法律に抵触しないように設計・完成させることでした。

さすがにここまでくると、以前弁護士の和久田先生がいわれた「現代国語は得意だったか?」というレベルの問題ではないと思いました。そこでまた和久田先生のもとを訪問したのです。

私はいきさつを話し、先生にこう切り出しました。

「これからは証券取引法に関わる細かい事務的問題について、法的な解決をしておく必要があると思います。その道の専門の先生に頼んだほうがいいと思うので、先生、どなたかご紹介いただけませんか」

失礼を顧みることもなく、このようなお願いをすると和久田先生は、

「そうだよなぁ、俺の専門は刑事事件や人権問題だからな。ただ、紹介したいけど、本当に俺、証券取引法の専門家はひとりも知らないんだ。ごめん」

答えを聞いて困っている私を見ると、なにやら一冊の本を書棚から取り出してきました。

「これでいっしょに探してみよう」

それは『ビジネス弁護士大全』(日経BP社)でした。あっけに取られている私を横目に、いろいろな弁護士の専門や略歴を熱心に読みはじめたではありませんか!

つられて私もいっしょに探しはじめ、二人で見つけたのは証券取引法の専門家で、実際に証券会社で数年間、企業内弁護士として勤務された若い弁護士の先生でした。

そうして出会ったのが、現在、新しい株取引方法の法的根拠を深く検討し、適法性確保のための業務指導等を行っていただいている柳田直樹先生と浅野健太郎先生です。

金融商品を創っていく際には、他の商品と比較にならないほど、法律の専門家の力が必要です。その点、和久田先生、そして柳田先生、浅野先生と出会うことができたのは大変ありがたいことでした。この金融商品の開発に当たっては先生方がきわめて大きな力になってくださったと、私はいま改めて感謝しております。

金融庁へのノーアクションレター

柳田先生は数年間、大手証券会社の企業内弁護士を務めた経験を持ち、証券取引の実務まで熟知されています。

一方浅野先生はものすごく数字に強く、金融商品をともに設計していくうえでは最適なかたでした。私の常識では法学部は文系だと思うのですが、先生は理系にも強いのです。ご本人にそんなことをいうと、「僕が強いのは数字だけじゃないですよ」といわれそうですが、本当に数字には明るい先生です。

そんなお二人と、約五か月間かけて新しい取引方法の適法性を確認しながら、実際に行う場合にいちばん適当なシステムを設計し、完成させました。

そして私は、適法性を確保した新しい株の取引方法を数社の証券会社にプレゼンテーションしてみたのです。その数社からはいい反応が返ってきました。

「いいと思う！　これはお客さんのためになる取引だよ」

しかし必ず、

「でも、法的にはどうなのかなぁ。本当に大丈夫？」

という問いを投げかけられます。そこで両先生と設計した法に適った業務フローを説明し、両先生の適法性説明書を見せるのですが――、

「なるほど。しかし、金融庁がどういうかなぁ。私はいいと思うんだけど、金融庁がねぇ」

ここで話がストップして、まったく前に進みません。

そこで私は気がつきました。証券会社に新しい商品を提供するに際しては、証券会

社の監督官庁である金融庁の適法承認がないことには話が前に進まないということに。金融庁の承認がないと、どんなに優れた商品でも世に出すことはむずかしいのです。

それはそうです。証券会社にしてみれば実際に新しい取引の営業をはじめて、金融庁からこの仕組みについて監査のときに問われたら、自分で答えなければならないのです。そのうえ、この商品は自分たちで考え徹底的に調べ上げたものではなく、証券業界の外にいる、しかも見ず知らずの人間が考え出した新しいシステムです。率先してやってみようというジャッジにならないのも当然です。

そんな壁にぶち当たったとき、私は以前どこかの新聞に「ノーアクションレター」という制度がはじまったと書いてあったことを思い出しました。たしか新聞の切り抜きファイルに残してあったはずだと思い、大急ぎで事務所に戻って確かめたのです。ありました!

「ノーアクションレター（法令適用事前確認手続き）制度」とは、一般企業が新たなサービスや商品を売り出す前に、文書やEメール等によって各省庁に問い合わせると、原則三〇日以内に、その回答を書面でもらえるというものです。

この制度の主旨は――規制緩和が叫ばれる今日、企業が新しいサービスや商品を企画したとき、その適法性について悩み、企画が進まなくなってしまう弊害をなくさなければならない。各省庁が当該の監督法令に関して速やかに回答をすれば、企業の活動も早まり、経済活性化にもつながるということです。

この制度を使って、私の創った新しい株の取引方法が「適法である」と金融庁から回答をもらえれば、証券会社が躊躇《ちゅうちょ》する壁が取り除かれると、私は考えたのです。

ついにきた！ ノーアクションレターの回答

私はさっそく柳田、浅野両先生に相談し、金融庁へのノーアクションレターの照会代理人になってもらいました。そして両先生とともに金融庁へ、新しい株の取引方法の詳細とその適法性についての質問を提出しました。

役所への面談というと知人を頼ったり、政治家を通じてアポイントを入れるというイメージがあります。でも私には政治家の知り合いはいません。

しかし今回のシステムは、必ずや投資家や証券会社、ひいては株式市場のためになると確信していましたので、正々堂々と金融庁に当たりたいと思っていました。ですから今回のノーアクションレターの提出は、私の希望どおりのかたちだったといえます。

そして肝心の金融庁の対応はというと、とても素晴らしいものだったのです。よく新聞やテレビで金融庁批判がなされていますが、実務に関する金融庁の対応はじつに的確で、目の覚めるような思いでした。

金融庁の担当のかたからは、私たちのノーアクションレターの内容を細部まで検討したうえで、照会代理人の両先生のところに頻繁に質問の連絡が入ってきました。そこで私を驚かせたのは、その質問や指摘の内容が当を得ているだけでなく、私たちが見落としていたものまであったということです。そしてその指摘事項に対処する案を考えることは、この取引をよりよいものにしていくことにつながったのです。いわば担当者は、前向きな協力者としての役割も果たしてくれたのです。

質問をする私たちは長い時間をかけてこの取引について練り上げてきたわけですが、金融庁にすれば予告もなく突然飛び込んできた質問です。それを短時間で細部まで理解し、しかも的確な指摘をしてくれたのです。そんな金融庁の対応には、正直いって感動さえ覚えました。

そのような質疑応答、そして二度にわたる補正の後、二〇〇四年一月一五日、ついにノーアクションレターの回答が書面で届きました。大筋でいって「適法である」という回答です。一部、指摘事項がありましたが、それについてはすぐに電話をして問い合わせたところ、文章表現上の双方の勘違いということがはっきりしました。その結果、私たちの考えている方法で行えばその指摘事項も「完全に適法である」という回答も得ることができました。

二〇〇四年一月一五日――この日が、私が創った新しい株の取引方法の誕生日となったのです。

第6章

欲しかったから創った「塩づけなし現物取引」

楠 大史

なぜ「現物取引」と「信用取引」しかないのだろう？

私が個人投資家として株式投資を行って約二〇年が経ちます。自分なりに情報を集め、かなり考えて銘柄選択もしてきました。おかげでその銘柄選択が当たった確率はなかなかのものです。七割の銘柄は株価が上昇、利益を得たと思います。

ところが二〇年全体を振り返ってみると、大きく勝った記憶や大きな損をした記憶などいろいろあるのですが、結局トータルの金額では負けているのではないかと思います。いや、確実に負けています。

大きな負けは何かしら理由をつけて覚えているので、「あの記事やあの話を聞かなければ……」とか「一日前まではずいぶん勝っていたんだよな。あの日に売っておいたらなぁ」といったふうに、すぐ思い出せます。すべて「……たら」「……れば」の積み重ねです。ただし、そうした暴落銘柄や倒産株を除いてもトータルでは勝てていないのです。

私の相場感の有無はさておくにしても、前述したとおり私は結構慎重に銘柄選定をしてきましたので、だいたい六勝四敗もしくは七勝三敗くらいで「勝った株」の数のほうが多いと思います。それなのに全体としては負けているのです。つまり、「勝ち」の幅は小さく「負け」の幅が大きいから、トータルすると「負け」になってしまうのです。これが私自身の株取引の冷静な分析結果です。

読者のみなさんはいかがでしょうか。冷静にトータルで分析されているかたはどれくらいいらっしゃるものでしょうか。

少なくとも私は、株取引をしている人から「年間」あるいは「株人生」をトータルした勝敗を聞いたことはほとんどありません。部分的に「あの株で儲けた」とか「この株でやられた」という話はよく耳にするのですが「トータルして負けている（勝っている）」といった核心的なことは、たとえ友人同士の間柄でも聞いたことがありません。いわないだけなのか、それとも冷静に分析をしていないのか……。

私は心を鬼にして（自分の損は忘れたいものですから）冷静に分析し、「確率はいいはずなのになぜ負けるのだろう」と考えました。そして数年前、あることをふと疑問に感じたのです。

「なぜ証券会社が提供している株の取引には（投資信託は別として）現物取引と信用

取引しかないのだろう？　トータルすると個人投資家が損をしているのは、もしかしたらこの二つの取引方法に問題があるからではないのだろうか。結局これは投資家にとって不利な取引なのではないだろうか」

自分の才能の有無を棚に上げてそう思ったのです。

そして少し調べてみると、いま使われている「現物取引」と「信用取引」は、第二次世界大戦後、アメリカによって日本に導入されたシステムだということがわかりました。そこで漠然と感じたのです。この二つの取引は本当に日本人の気質に合っているのだろうかと。

そこで私は、現在われわれ個人投資家に提供されている株の取引方法の欠点を考えてみることにしました。

私たちが株式投資に向かう大きな目的は、疑いもなく「利益を得るため」です。その方法はそれぞれの投資のスタンスによって異なるのですが、大きく見ると株の取引方法には「現物取引」と「信用取引」の二つしかありません。いまインターネット取引の利用者が急増していますけれども、インターネットで株を買うにしても、この二つの方法のどちらかで購入することになります。

周知のように「現物取引」は自己資金の範囲内で株を購入します。いわば現金で商品を購入するのと同じ感覚です。

一方「信用取引」は、自己資金や株を担保にして自己資金以上の株を購入する方法です。家や土地を担保に入れて、お金を借りて商売の資金にするようなものです。またお金を借りるだけでなく株も借りられます。そして空売りというかたちで「売り」からスタートすることもできるのです。「信用取引」は自己資金以上のお金や株で取引ができるので、値上がりしたときは現物取引の数倍の利益を得ることができます。しかし下がったときは、当然損失も大きくなることは覚悟しておかなければなりません。

そうしたリスクを考えて投資家の多くは現物取引をしているのが現状です。

塩づけ株が最大の敵

現物取引で株を買うときの投資スタンスは、狙うものによって大きく二つに分かれます。

ひとつは、買った株の値上りを数年かけて狙う「長期型投資」です。将来大きく成長するだろうと思われる会社の株を買い、一〇年近く持ち続けて年率で数パーセント以上の値上がりするのを待つのです。待っている間も、その会社が優良企業であればコンスタントに配当金がもらえます。この投資スタンスは主に、数億円以上の自己資金を持っている投資家が行なっています。

これは効率よく「運用益」を狙うのに最適な方法で、不動産価格が下落した今日（配当課税の軽減もありますから）大変有効な資産運用方法だといえます。

そしてもうひとつの投資スタンスは、近いうちに値上がりしそうな株を買い、値上がりしたところで即座に売り、その「売却益」を狙う「中短期型投資」です。この投資スタンスは年数パーセントの運用益を狙うというより、まずは手持ちの自己資金それ自体を増やすことが目的です。私が行ってきた株投資はまさしくこちらに属します。

これは自己資産を増やす目的、いわゆる「資産形成」のための株式投資といえるでしょう。

私は自己資金を数億円単位で持ったことがありませんので、前者についてはそれだけの自己資本を持てたときに考えることにして、後者の「資産形成」のための「現物取引」を見ていくことにします。

私自身、現物取引で買った株だけを見てもやはり負けています。

現物取引は、信用取引と違って売却すべき期限はありません。したがって買値より下がった株はずっと売らなければいいわけで、買ったときの株価を上回るまで待てば絶対に負けることはないのです。

しかし一〇年以上持ち続ける長期投資と違い、数年のうちにいまの手持ち資金を増やしたいという目的で行っている投資では、株価の戻りを待つ年月はロスと同じです。このように株価が下がったまま持ち続ける株を「塩づけ株」といいます。私もずいぶん「よく漬かった株」を持っていたものです。

つまり塩づけ株は、下がっている分の含み損はもちろん、手持ちの自己資金を長い間寝かせることになりますので、他の値上がりしそうな株を買うタイミングを逃してしまうという、二重のデメリットを生むのです。

損切りは自分ではできない

そう考えると、何としてでも塩づけ株を発生させないようにするのが大切です。つまり自己資金を効率よく使うためには、値下がりしてなかなか買値まで戻ってこない株を値上がりしそうな株に乗り換える必要があるのです。

そうはいうものの、塩づけ株というのはあれよあれよという間にできてしまうものです。

持っている銘柄が値上がりしてくると、まだまだ値上がりするだろうと思って買い足します。すると、往々にして買った時点がその株の頂点で、その後株価は下がりはじめます。そして見る見るうちに半値になってしまう。一時的に戻したとしても、また徐々に下がる。この塩づけ株に見切りをつけるのはなかなかむずかしいものです。

くりかえしますが、現物取引で効率よく自己資金を使い、それを増やしていくには、その目的を大きく阻む「塩づけ株」を絶対につくらないことです。言い換えれば、下がった株の「損切り」を早く行うのがポイントになります。どれだけの投資家がこれを認識し、実行されているでしょうか?

こうした「損切り」の大切さは、書店に並んでいるほぼすべての「株必勝法本」に説かれています。これこそ株で勝つための大原則といっても過言ではありません。しかし、この「損切り」が本当にむずかしいのです。少なくとも私には無理です。なかなかうまくできません。

そこで私は、だれにでもきっちりと損切りができる仕組みを考えてみたのです。そしていたずらに「損切り」の大切さを説くのではなく、実際に「自動損切り機能」のついた新しい、そして本当に勝てる株取引方法を創ることにしたのです。

「損切り」は自分の心との戦いといっても過言ではありません。

買った株が下がりはじめ、その売却を考えたとき、まず頭に浮かぶのは、せめて買った株価のプラス・マイナス・ゼロ、できれば一円でもいいから買値以上で売れてくれればということです。

これは買値より下で損切りした後に、株価が戻してきて自分の買値を上回るのを見て「後悔したくない」という気持ちが大きく働くからです。ずっと下がりっぱなしなら諦めもつくのですが、少し上がったりするから、もしかしたら……と思ってしまう。

しかしたいていは下がってしまうものです。

こうした気持ちに打ち勝つにはどうしたらいいのでしょうか。

以前私は、インターネット証券が行っている「ロスカット」（損切り）を謳い文句にした「逆指値」サービスを利用してみました。簡単にいえばこの仕組みは、たとえば「一〇〇〇円で買った株が八〇〇円まで下がったら売る」と、証券会社にその都度自分で頼んでおくシステムです。株価が上がったときの「指値」の逆です。

しかしやってみてよくわかりました。「その都度自分で頼む」というところがクセモノなのです。同じ時期に買っていたほかの株が値上がりしていると、少々のマイナスはそれでカバーできると思ってしまい、株価が八〇〇円に近づいても「もう少し我慢してみるか」と、八〇〇円だった逆指値を七〇〇円に修正してしまっていたのです。

意思の弱さと執念深さに本当に嫌気がさしたものです。その挙句、やっぱり損切りは自分ではできないものだなと痛感したのです。

証券会社を「損切りの介錯人」に

そのとき私は「プロ中のプロ」と呼ばれた人の話を思い出しました。

証券会社の営業外務員として日本一といわれていたかたで、ここではK先生と呼ばせていただきます。まずはK先生のことをお話ししておきます。

K先生がまだ二〇代の頃の証券不況の時期、がありました。当時の田中角栄首相がいろいろと対策を打ってはみたものの、株価は一向に上がりませんでした。

そんな時代に、若かりしK先生がその営業力を発揮して株価を上昇に導いたということで、当時はずいぶん週刊誌で騒がれたそうです。バブルの時代には歩合の月収がなんと一億円以上という月が数年続いたというエピソードもあります。

そんなプロ中のプロで、数多くの投資家を見てきたK先生からこういわれたのです。

「楠君、僕はひとりとして損切りのうまい人を見たことがないよ。だれにも損切りはできないんだよ。たとえ話をすればわかると思う。——昔のサムライは切腹をした。現代の僕たちから見れば、自分で自分の腹を切って命を絶つのだからすごく勇気がいることだと思うだろう？　でも昔の人もやっぱり自分で自分の腹を切って死ぬことはできなかったんだ。その証拠に切腹には必ず介錯人がついていた。自分は腹を少し刺すだけで、その瞬間、介錯人がバッサリ首を切り落とした。苦しまずに早く死ねるようにしたわけだ。それでもこれを『切腹』と呼んで、みずから命を絶ったことにした。それがサムライの美学だったのじゃないかな。昔の武士だって自分で自分の身を切ることはむずかしかったんだ。損切りもこれと同じだと思うなぁ」

株式投資では、自己資金は自分自身の体です。昔の切腹といっしょで自分ではなかなか切れないものなのです。私は、自分で「損切り」できないのを「意思が弱いからだ」と責めていたのですが、K先生の話を思い出して何となく救われた思いでした。

せっかく証券会社が損切りのためにつくった「逆指値」という仕組みにしても、その決断を行うのはあくまでも自分なので、結局、思い切った損切りができないのが現実です。

いわば、損切りにも「介錯人」が必要なのではないでしょうか。

これで、はっきりしました。「損切り」は証券取引のプロである証券会社に任せてしまうのです。証券会社を「介錯人」にしてしまうのが「損切り」のいちばん確実な方法なのです。

画期的な損切りシステム

そこで私は現物取引に二つの機能をつけることを思いつきました。

ひとつは**「自動的な損切り機能」**です。買った株がたとえば一五パーセント（取り扱い証券会社により設定が変わります）下がったら、証券会社はその株を売りに出します。逆指値の仕組みと違って「塩づけなし現物取引」では、買った株すべてにこのルールを適用して途中で変更できないようにしてしまうのです。そうすれば投資家の気持ちのブレに関係なく「損切り」は確実に実行されます。

二つめは**「証券会社による買い取り機能」**です。損切りが確実に実行されたとしても、あれよあれよという間にストップ安になり、一五パーセント下げた時点で予定どおりに売れないことも出てきます。そのときのために、一定率、たとえば三〇パーセント（これは取り扱い証券会社により設定が変わります）下がっても市場で売れない場合は、三〇パーセント下がった株価で証券会社がその株を買い取るようにするので

図①

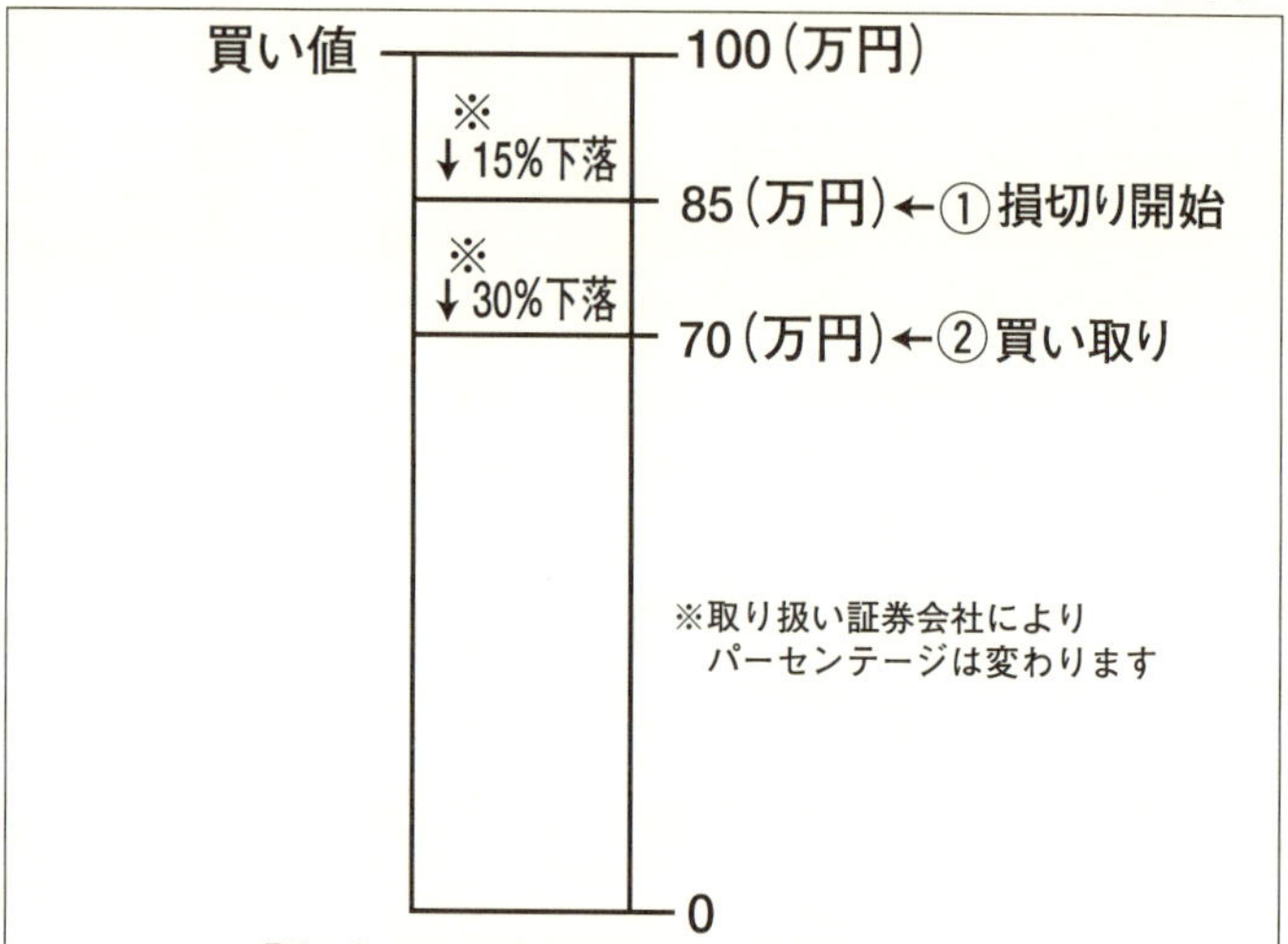

「塩づけなし現物取引TM」の基本

す。（図①参照）

この二つの機能について投資家があらかじめ証券会社に依頼し、両者が合意しておくことにすれば問題はありません。

そうすれば、それ以上株価が下がった塩づけ株を持つことはなくなります。万が一、その株を持っている会社が倒産したとしても三〇パーセントまでの損で済みます。言い換えれば、**絶対に三〇パーセント以上の損失が出ない現物取引**ということになるのです。

この仕組みによって個人投資家の「損切り」は一〇〇パーセント確実なものになります。

またこれを提供する証券会社側について

いえば、買い取った株がその後値上がりして利益を出すこともあるでしょう。その反対に損失が出たとしても、その時は株取引のプロです。リスクヘッジの方法に関してはわれわれが想像できないような高度なテクニックを数多く持っています。われわれが株取引に際して支払う売買手数料の一部を使ってリスクヘッジをすることなど、そうむずかしい話ではありません（あるいは別の会社が証券会社と提携してそのリスク部分のみを受け負うこともできるでしょう）。

私は、証券会社がビジネス・ツールとしてこの役割を前向きに引き受けてくれてもいいのではないかと思いました。

話はかわって、これまで多くの個人投資家が株価下落時や塩づけ株対策として多く用いてきた「ナンピン買い」についても、私は、果たしてこれが損失を小さくするためにいちばん有効な手段なのだろうかと検証してみました（図②参照）。

ナンピン買いとは、たとえば一〇〇万円で買った一株が五〇万円まで下がってしまったとき、五〇万円でもう一株同じ株を買う方法です。そうすることによって株の「平均買値」を下げていくわけです。この場合なら、二株を一五〇万円で買ったことになるので、一株は七五万円（図②―Ⓐ）ということになります。つまり、五〇万円

図②

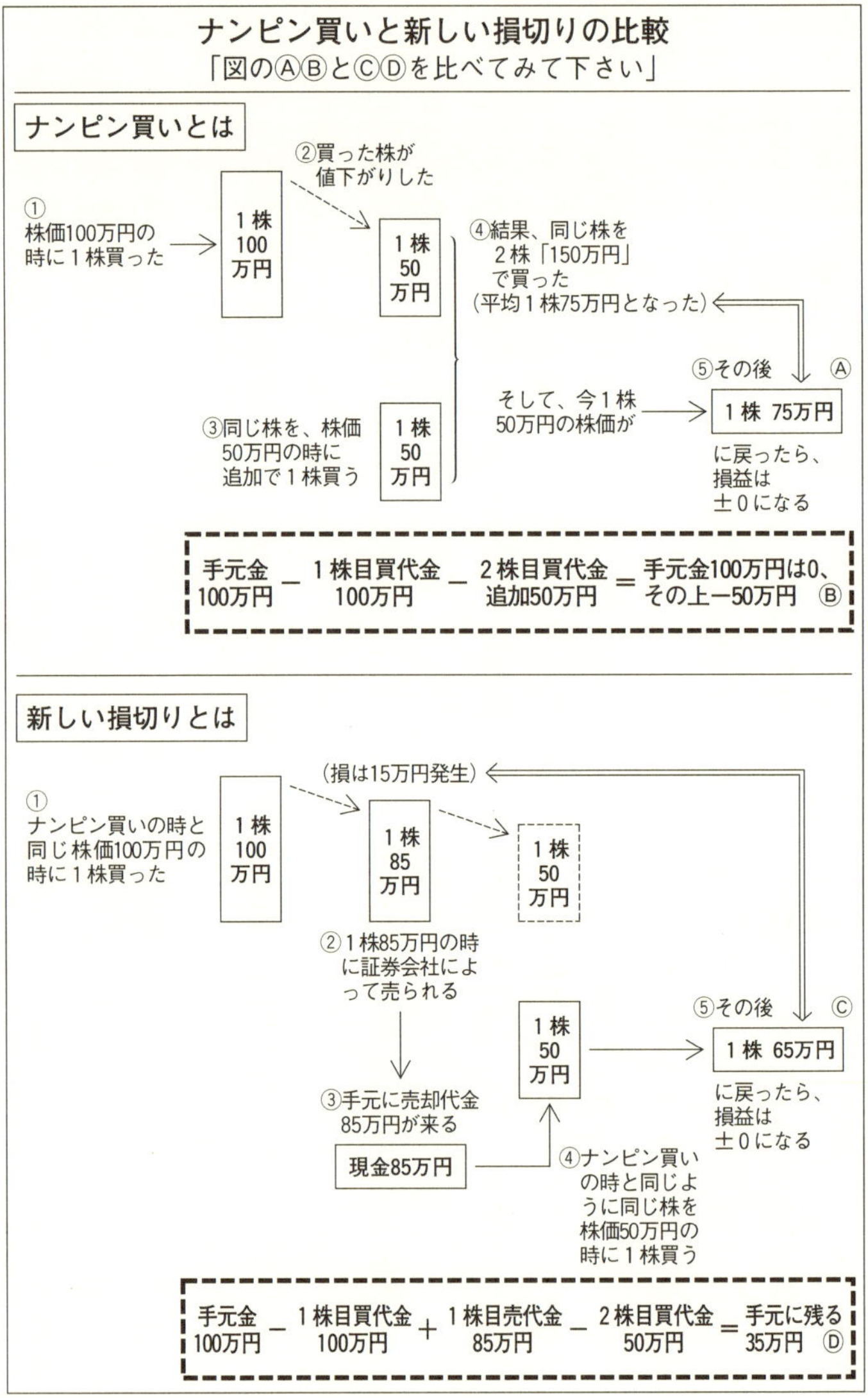
ナンピン買いと新しい損切りの比較
「図のⒶⒷとⒸⒹを比べてみて下さい」
ナンピン買いとは
①
株価100万円の
時に1株買った
1株
100
万円
②買った株が
値下がりした
1株
50
万円
④結果、同じ株を
2株「150万円」
で買った
(平均1株75万円となった)
③同じ株を、株価
50万円の時に
追加で1株買う
1株
50
万円
⑤その後
Ⓐ
そして、今1株
50万円の株価が
1株 75万円
に戻ったら、
損益は
±0になる
手元金
100万円
−
1株目買代金
100万円
−
2株目買代金
追加50万円
=
手元金100万円は0、
その上−50万円
Ⓑ
新しい損切りとは
①
ナンピン買いの時と
同じ株価100万円の
時に1株買った
1株
100
万円
(損は15万円発生)
1株
85
万円
1株
50
万円
②1株85万円の時
に証券会社によ
って売られる
③手元に売却代金
85万円が来る
現金85万円
1株
50
万円
④ナンピン買い
の時と同じよ
うに同じ株を
株価50万円の
時に1株買う
⑤その後
Ⓒ
1株 65万円
に戻ったら、
損益は
±0になる
手元金
100万円
−
1株目買代金
100万円
+
1株目売代金
85万円
−
2株目買代金
50万円
=
手元に残る
35万円
Ⓓ

まで下がった株価でも七五万円まで戻せばプラス・マイナス・ゼロになるのです。最初の買値の一〇〇万円に戻すよりずっと早く損益分岐点に達します。

確かにそのとおりです。しかしこれができるのは、最初の自己資金一〇〇万円のほかに、さらに五〇万円（図②-Ⓑ）余計に用意できる場合に限ります。

それに対して、私の創った新しい損切りシステムを使うとどうなるでしょう？

まず一〇〇万円で一株買うところは同じです。ところが私のシステムでは八五万円に下がった時点で証券会社が損切りを開始します。すぐに売れれば、八五万円の売却金が戻ってきます。この時点で一五万円の損が出ていますが、戻ってきた八五万円で五〇万円まで下がった株を一株買っても、手元にはまだ三五万円残っています。

この場合だと、五〇万円の株が六五万円（図②-Ⓒ）に戻せば、先に出した一五万円の損は取り戻せます。損益分岐点は、先ほどのナンピンの場合の七五万円から六五万円まで下がるのです。

もう一点大きなポイントは、手元に現金がまだ三五万円（図②-Ⓓ）残っているということです。手持ち資金に限度のある私たち個人投資家にとって自己資金を効率よく使えるというのはとても重要なことです。最初のナンピン買いのときのように追加で五〇万円入れるのと、手元にまだ三五万円残っているのとでは大きな違いです。

これを二回、三回と積み重ねていくことによって資金効率は何倍も何十倍も違ってくるはずです。

そしてナンピン買いについて考えているうちに、浮かんできたポイントがもうひとつありました。

それはナンピン買いのように二株の平均値を考えるのではなく、一株ごとに損切りをしたほうが合理的なのではないかということです。

先ほどと同じ例をとるなら、たとえ同じ銘柄の株でも一〇〇万円で買った株と五〇万円で買った株は完全に別の株と考えるのです。そして個々別々に「損切り」を行ったほうがいいのではないかという考え方です。もちろん銘柄の違う株についてはいうまでもありません。

日頃株投資を行っていると、次のようなことがよく起こります。

五つの株を持っているとします（同じ銘柄の株でも買値が異なる場合は違う株として考えます）。そのうち四つは小さく勝っているけれども、ひとつが大きく損失を出しているため、トータルでは負けています（**図③**の左図参照）。その場合でも、**図③**

図③

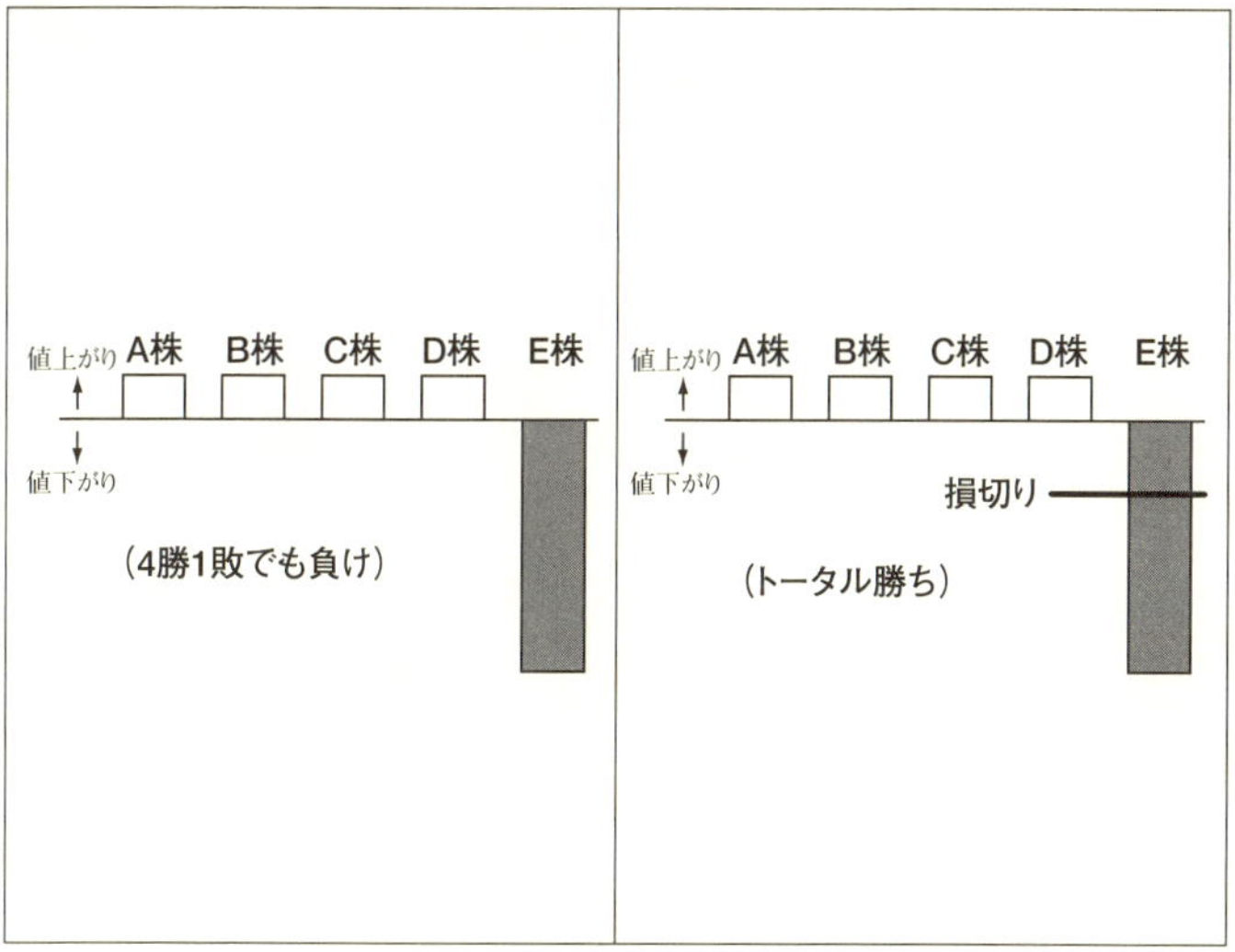

右図のように大きく下がった株を早く損切りできていれば、トータルで勝つことができるのです。

この例からもわかるように、株は個別株ごとに管理して、個別株ごとに損切りしなければいけません。

完成した「塩づけなし現物取引」

これらの反省を踏まえて新しく創った現物取引「塩づけなし現物取引」は以下のような仕組みになっています（図④参照）。

ここに掲げたのは今回の新しい取引を行っているある個人投資家の口座内の状況です。

すべての株について一五パーセント下が

図④

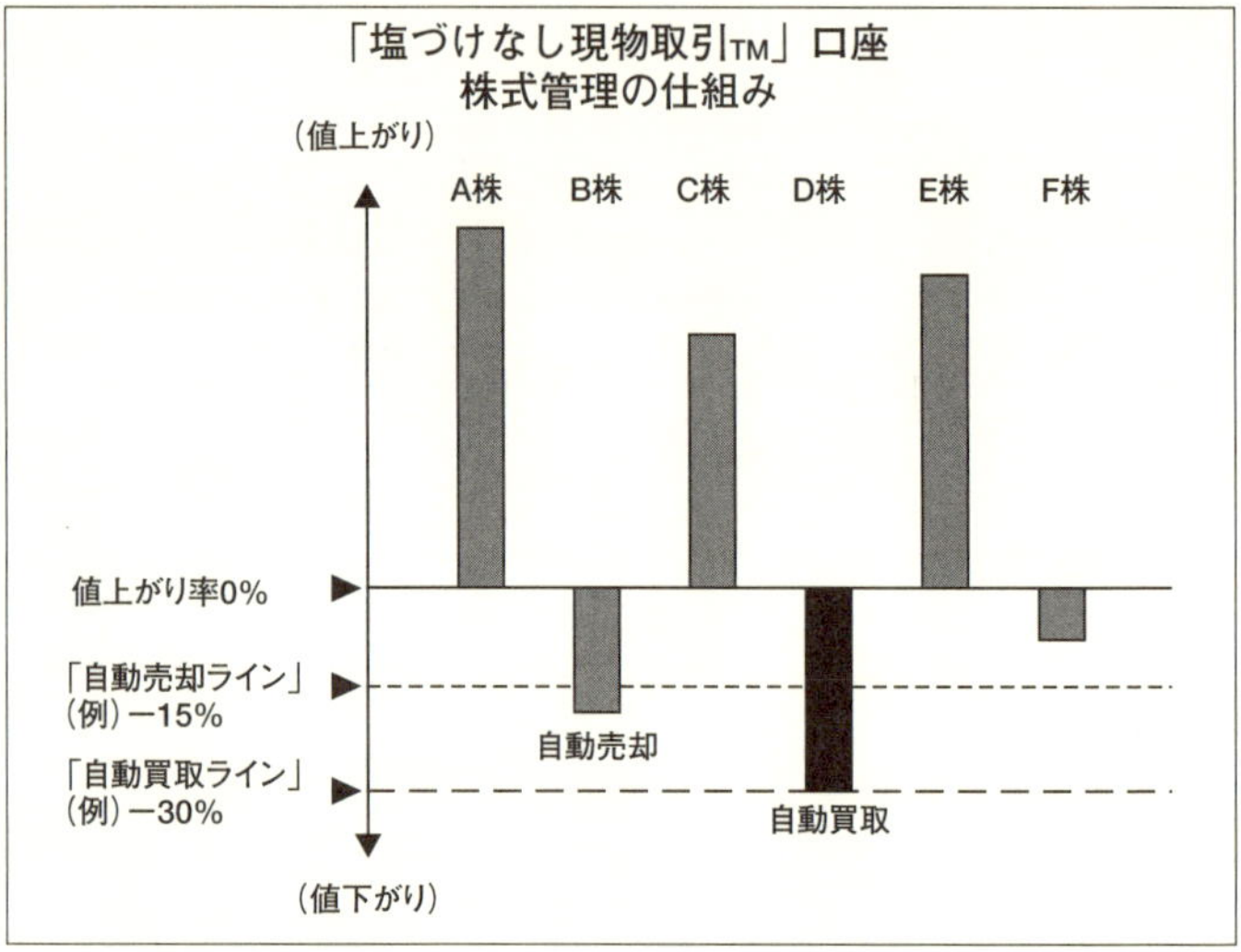

ったら損切りを開始します。証券会社がその株を売りに出します。それでも売れずに三〇パーセントまで下がってしまったときは、三〇パーセント下がったその株価で証券会社が買い取ります。口座内のすべての株について、このような損切りを行うように証券会社に依頼しておくのです。

こうすれば、下がった株は確実に「損切り」が行われ、**図③**左図のようなことは起こりません。四勝一敗でも負けということはなくなるのです。もちろん一〇〇万円で買った株がずるずる下がって、半値以下になっても持ち続けるという「塩づけ株」も発生しません。

「塩づけなし現物取引」のもうひとつの大

きなメリットは、**最悪でも自己資金が三〇パーセントまでしか減らない**ということです。この取引を使って買った株は、株価が暴落した場合や損切りのタイミングを逃した場合でも、三〇パーセント下がった時点で証券会社が買い取ってくれるからです。七〇パーセントの自己資金は自分の手元に戻ってきます。

またこのリスクストップ機能は、この取引を使って買った株にたいしてだけではなく、すでに保有している株をこの取引を扱っている証券会社に移せば、その時点から同様に受けられることになっています。

いままでの現物取引だと、たとえば一〇〇万円で買った株が会社の倒産によって紙屑になったり、一円になってしまったりする可能性があります。新聞の株式欄を見てください。「一円」の株がたくさんあります。この「塩づけなし現物取引」では、そんなことは起こりません。ですから「資産形成」には最適な取引といえるでしょう。

この新しい取引を広告風に記せば、次頁の**図⑤**のようになります。あなたはどちらを選びますか?

図⑤

株の現物取引が、2つに分かれました。

株価が下がってしまったリスク時に、自己資金が
『最大30％までしか無くならない取引』か
『最大100％無くなってしまう取引』（従来の取引）

株の現物取引

株価下落時に自己資金が最大30％までしか無くならない取引

株価下落時に自己資金が最大100％無くなってしまう取引

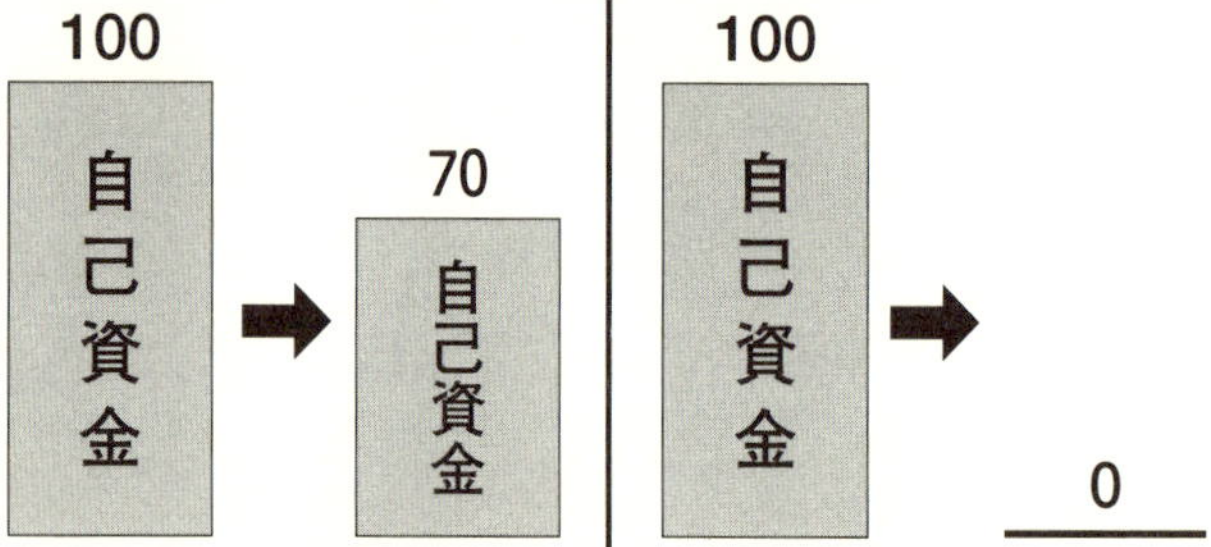

「塩づけなし現物取引TM」

「従来よりの現物取引」

あなたは、どちらを選びますか?

塩づけなし現物取引のお問合せは

○○証券　TEL 0120－××－××××

第7章
欲しいといわれてできた「追証なし信用取引」

楠 大史

リスク限定の信用取引

インターネットの普及によって、個人投資家の売買高の七〇パーセント以上がインターネット取引になったことが新聞紙上を賑わせてから久しくなります。それともうひとつ注目すべきデータがあります。二〇〇三年上半期（四〜九月）を境にして、信用取引の売買金額が現物取引のそれを上回りました。

すでに述べたように信用取引とは、投資家が証券会社から株の購入代金を借りたり、空売りの場合は株券を借りて行う取引です。投資家にとっては手持ちの資金以上の取引が可能になります。

株式投資は「勝てる」または「勝ちたい」と思って行うものですから、リターンが大きくなる信用取引につい手を出したくなるのが人情です（ただし、その分リスクも大きくなります）。

私の両親は昔から、「株の信用取引と商品相場だけは自分の甲斐性以上の損が出ることがあるから手を出すな」といっていました。じっさい、信用取引の大きな損失で破産したとか家を失ったなどという話もよく聞きます。ですから「信用取引は怖い」「信用取引に手を出してはいけない」という認識もありました。

しかし、やはり大きなリターンを期待して、慎重派を自認する私も十数年前から信用取引をはじめました。私の周りの株仲間たちも例外ではありません。

つい数年前までは、株は一種の「バクチ」に見られているような気がして、明るい声で「株をやっています」なんていえませんでしたが、そうした雰囲気はずいぶん変わってきました。その点はいい時代になったと思います。そんな変化も受けて、信用取引の売買金額が現物取引のそれを上回るようになったのでしょう。

しかし、それはあくまでも「売買金額」の話であって「投資家数」の話ではありません。投資家の大多数の意識はまだ、信用取引に向かっているとはいえません。信用取引は買える金額が自己資金の三倍になるし、短期の売買が多いから、絶対数からすればまだまだ現物取引のユーザーには及びません。堅実な日本人には、やはり大きなリスクは避けたいという気持ちがあるのです。

そんななか、私の創った「塩づけなし現物取引」の話を耳にして、ある人がこう洩《も》らしました。「虫のいい話だけど、リターンはいままでどおりでリスクが限定される信用取引があればなぁ。そうしたら信用取引をやってみたいよ」と。

そんな信用取引も創れないはずはない。やってみよう！　と私は思いました。

追証が「損切り」を遅らせる

私は信用取引をはじめて十数年になります。

大きく勝てるはずの信用取引で、実際に大きく勝ったこともありますが、しかしトータルではやはり負けています。大勝ちした株があっても、それ以上に大きく負けた株があるからです。

そして大きく負けた株について回ったのが「追証」でした。信用取引では、買った株が一定のライン以下に下がった場合、担保の積み増しとして「追証」が求められます。はっきりいって証券会社からのあの突然の電話は本当に嫌なものです。一度でも追証を迫られたことのある人は、その気持ちが十分におわかりだと思います。

追証の電話が入ると、ただちに次の日に入金をしなくてはなりません。何とか工面して翌日までにお金を入れたとしても、それを二度三度と繰り返すうちに、ついにお金が工面できなくなり、その株を損切りしたことも何度かありました。損失は入れ続けた「追証」の分まで膨らんでしまいます。冷静にあとで考えれば、追証を入れずに早く損切りしておけば損失は大きく膨らまずに済んだはずです。もちろん、損切りをしないで追証を入れて待っていたら株価が戻ったという逆のケースもあるでしょう。しかし、そういう場合のほうが少ないことは株式取引の経験者ならどなたでもご存じだと思います。

一度大きく値を下げ、追証入れまで行ってしまった株は、もっと下げる場合が多いのです。だから、追証を入れる前に勇気を持って損切りしろ——これは信用取引の鉄則ともいえます。

しかしこれをきちんと実行することはなかなかむずかしいものです。とはいえ、信用取引ではリスクに対する考えをしっかり持ち、それに確実に対処していかなければ大変なことになります。テコの原理を用いて自己資本の二倍、三倍という大勝負をするわけですから、負けた場合はそれだけダメージも大きくなります。危機管理だけはしっかりしておかなければいけません。

そこで、これからの信用取引では、損を小さく抑えるために「損切り」をいかに確

図⑥

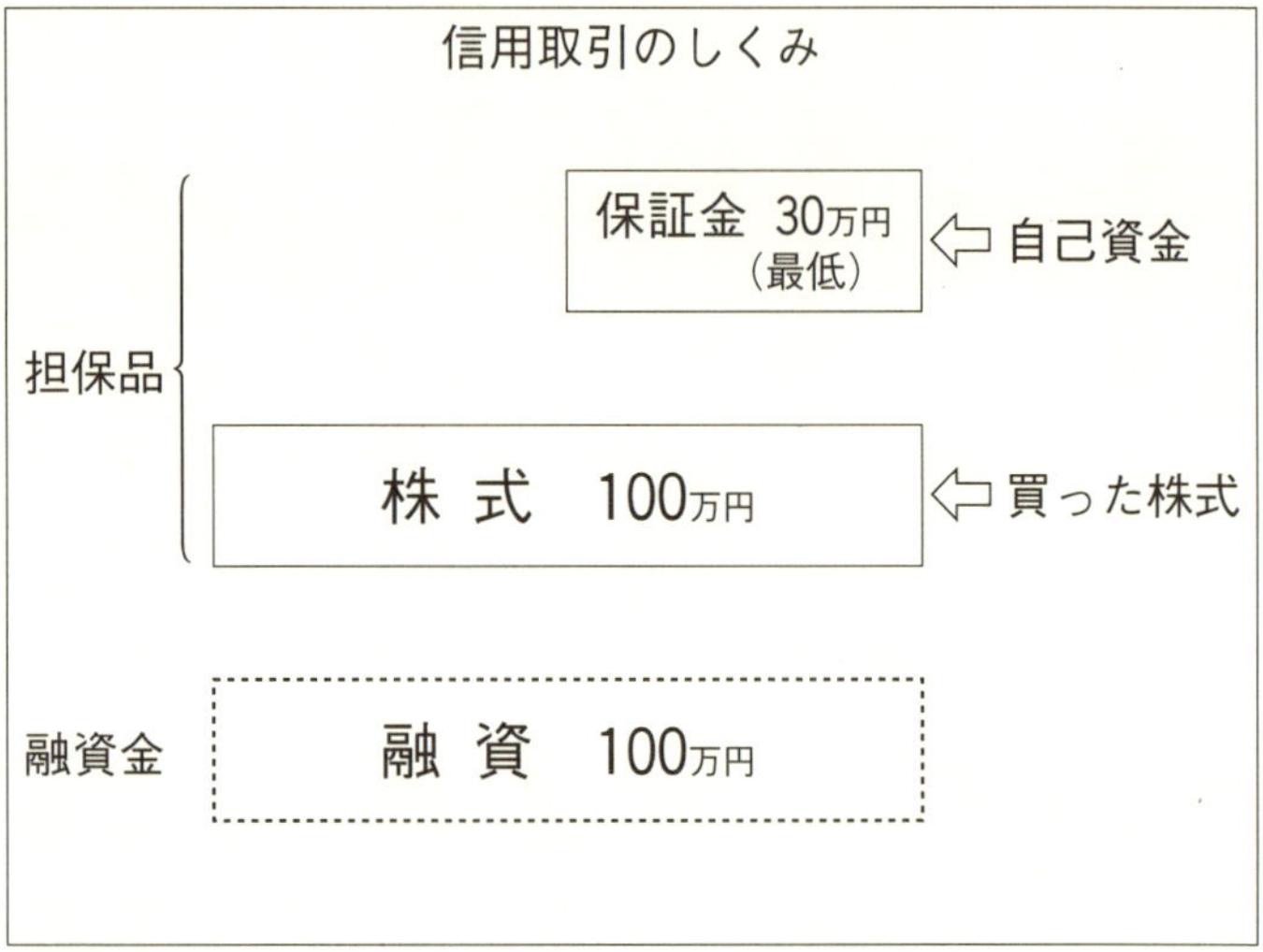

実に実行するかがポイントになります。どうしたらそのノウハウを持つことができるでしょうか。この点さえクリアできれば、信用取引の勝率もかなり上がるはずです。

「損切り」を遅らせるネックになっているのは「追証」です。この危険なワナにはまってはいけません。

追証のシステムとは

ここでもう一度、「信用取引」と「追証」の関係を確認しておきます。

まず信用取引を行う場合、投資家は証券会社に保証金を入金します（法令上は信用取引で買う株式の三〇パーセント以上を入

図⑦

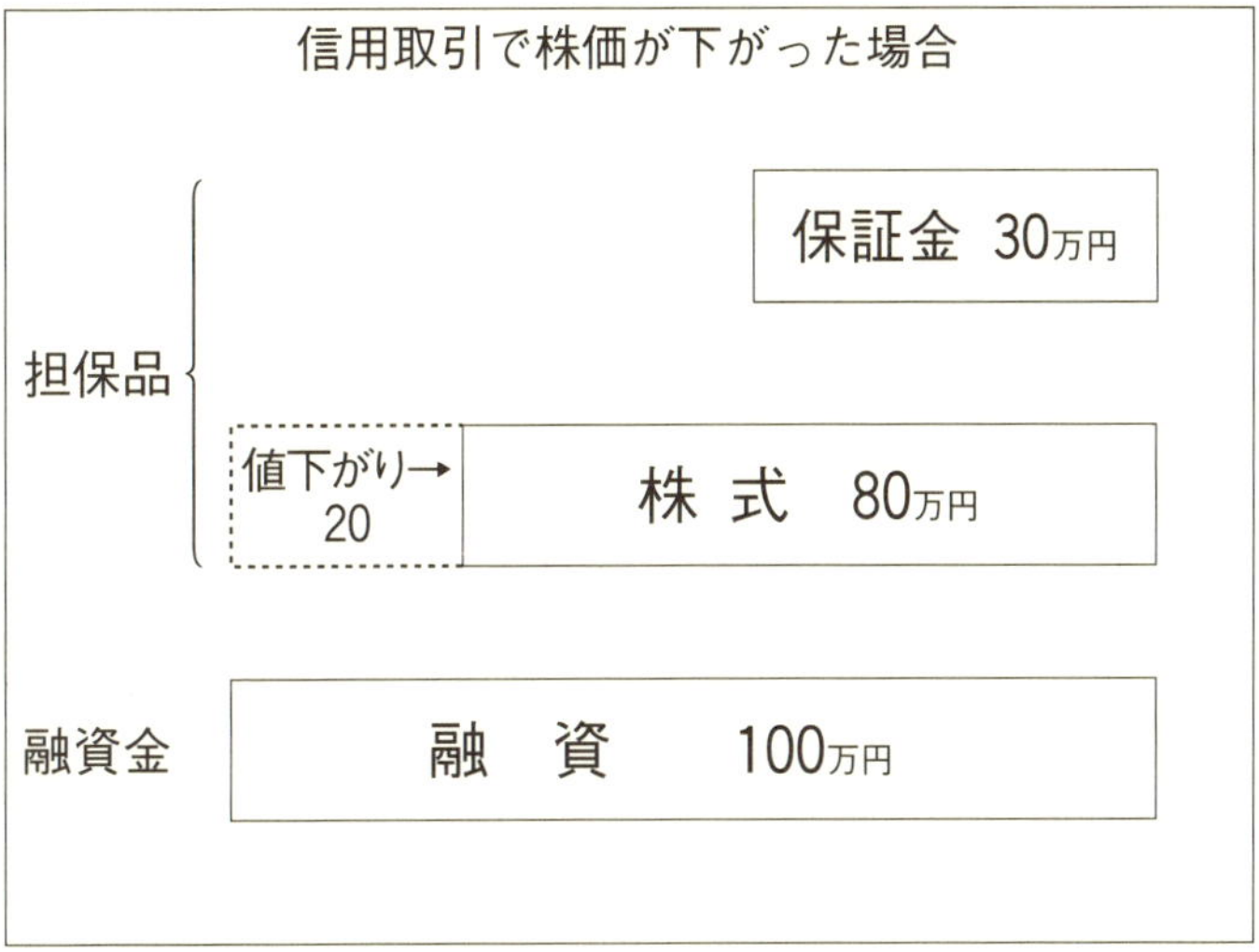

れることになっています）。三〇万円の保証金を入れて証券会社から一〇〇万円融資してもらったとしましょう。そこで一〇〇万円の株式を買います（図⑥参照）。

証券会社からの融資金一〇〇万円に対する担保は、買った株一〇〇万円分と保証金三〇万円の合計一三〇万円になります。これが信用取引の基本的な仕組みです。

一〇〇万円で買った株が一定水準まで下がってくると「追証」が発生します。たとえば一〇〇万円で買った株が八〇万円になったときです（図⑦参照）。融資金一〇〇万円に対して、担保は株価八〇万円＋保証金三〇万円で一一〇万円になってしまいます。このとき証券会社は融資した一〇〇万

図⑧

$$\underset{(残存)}{保証金維持率} = \frac{保証金-(買株価-現在株価)}{融資金} = \frac{\underset{万円}{30}-(\underset{万円}{100}-\underset{万円}{80})}{100_{万円}} = 10\%$$

円が回収できなくなることを怖れ、担保を増やしたいと考えます。そこで証券会社は次のような計算をします（図⑧参照）。

株の値下がり分を含み損として計算し、その含み損を保証金から差し引いた金額を融資金で割って「保証金維持率」を算出するのです。つまりこれは、含み損を引いた後、実際に残っている保証金が融資額に対して何パーセントになるかを示した数値です。

このケースでは、融資金一〇〇万円から現在の株価八〇万円を引いた二〇万円が「含み損」ということになります。投資家が入れた保証金は三〇万円ですから、ここから含み損の二〇万円を引くと一〇万円が「残った保証金」（実際上の保証金）になります。この場合、保証金維持率は、残った保証金（一〇万円）を融資金（一〇〇万円）で割ればいいわけですから一〇パーセントということになります。

法令では、保証金維持率が二〇パーセントを切った場合は、足りない分を「追証」として保証金に追加しなくてはなりません。いまの場合では保証金維持率が一〇パーセントになってしまっているので、それが二〇パーセントを超える額まで、すなわち一〇万円以上を追加担保として入れる必要があります。

多くの証券会社では最初の維持率、つまり三〇パーセントまで戻すというシステムを採用していますから、この場合なら二〇万円以上の追証を入れなければいけないことになります。

通常こうした場合は、追証が発生した翌営業日に入金しなければなりません。万が一、追証を入れられなかった場合は、不幸にも持っている株すべてを証券会社によって売られてしまいます。下がった株だけではなく、上がっている株もすべて（！）です。これは保証金維持率の計算が口座内全部の株の合計で行われていることに起因しています。

これでお気づきでしょう。そう！　これまで述べてきたような「口座全体での保証金維持率計算」「追証入れ」「強制売却」といった一連のシステムは、証券会社サイドの融資金保全を優先してつくられたものなのです。それが今日まで延々と続いてきています。だから、口座内の値上がりしている株も値下がりしている株と区別することなく強制的に売却されてしまうのです。

追証システムの落とし穴

このように証券会社によって強制的に株が売られてしまうのは、前章で見た「塩づけなし現物取引」の「個別株ごとの自動的な損切り」と同じように見えるのですが、大きな違いがあることにお気づきでしょうか。

「個別株ごとの自動的な損切り」が、投資家の損失を小さく抑えるために「下がった株のみを売却する」のに対して、証券会社の強制売却は「すべての株を一斉に売却する」という点です。

個別株ごとの自動的な損切りは、いわば「前向きの損切り」です。下がった株の損失はできるだけ小さくして、値上がりしている株で利益を取る。そうすることによってトータルで勝つ。そのためのものです。

それに対して、追証を入れられない場合に証券会社が行う「すべての株の強制売却」は、証券会社の「融資金回収のための損切り」です。全部の株が売られてしまい、あとには何も残りません。これは「後ろ向きの損切り」です。

両者は似ているようでいて、投資家にとっては正反対の性質を持っています。

投資家からすれば「せめて値上がりしている株は売るのを待って欲しい」といいたいところですが、融資金の回収を重視する証券会社はそんな投資家の気持ちなどいっさい関係ないのです。

現行のこのシステムを続けている以上、証券会社にとって投資家は——追証が発生する前までは「大切なお客さま」ですが、追証が発生した時点からは「融資金を取り立てる債務者」に変わるのです。

もうひとつ着目すべき重要なポイントがあります。

この「追証」というシステムは、下がった株の損切りをただ単に遅らせるだけではないのです。この仕組みは、口座内の全株をトータルして保証金維持率を管理しているので、値下がりのため本来なら損切りをしなくてはならない株を、値上がりしている株の含み益が覆い隠してしまっているのです。いわば、下がった株の損切りのタイミングを一層遅らせてしまうことになります。

ここで、二〇〇三年のスタート以来、個人投資家に人気を得ている「無期限信用取引」について考えてみましょう。

この取引は、従来の信用取引にあった「六か月」という決済期限をなくしたものです。これまで信用取引では、買ってから六か月後には必ず一度決済しなければなりませんでしたが、その必要はなく株をずっと持ち続けられるようになりました。

信用取引で最も重要な「損切り」という点からすると、従来の信用取引は少なくとも六か月に一度はそれを考えるチャンスがありました。ところが、「無期限信用取引」はそのチャンスすら投資家から奪ってしまったのです。それに加えてこの取引では、融資金の金利も従来の信用取引より高めに設定されています。

これらを総合して考えると、もちろん長く株を持っていたいという投資家にとってはメリットがあるでしょうが、その一方、買った株が下がった場合は追証を入れたうえで高い金利を長い間払い続けるということにもなりかねません。

こうして見ると「無期限信用取引」は、資金を提供する証券会社が投資家から追証を取り、損切りを遅らせたうえ、長く金利を取り続けるシステムだといえなくもありません。もちろんこの取引には投資家にとってのメリットもあるのですが、総体的に判断すると、私にはどうもそう見えてしまうのです。

早めの損切りが勝つ秘訣

追証があり、かつ損切りを遅らせる性格も持つ従来型の「信用取引」や「無期限信用取引」は、時に「トータル負け」の可能性を高くして、投資家にとっては不利な結果を招き寄せます。

「塩づけなし現物取引」を完成させた後、何とかリスクの少ない信用取引を創れないものかと考えはじめた私は、あらゆる角度から信用取引制度を検証しました。すると、大きなリスクの元凶はやはり「追証」だということに改めて気づいたのです。

そして「塩づけなし現物取引」を少しアレンジして「追証なし信用取引」を完成させました。「証券会社による素早い損切り」と「リスクがある程度で限定される」という「塩づけなし現物取引」の基本コンセプトはそのままに、投資家にとって従来型の信用取引が持っていた「不利な部分」を改善・改良したのです。

まず何とかしなければ……と思ったのは保証金の維持率でした。

従来のように口座内の全株の合計で維持率を算出していたら、個人投資家は「絶対

図⑨

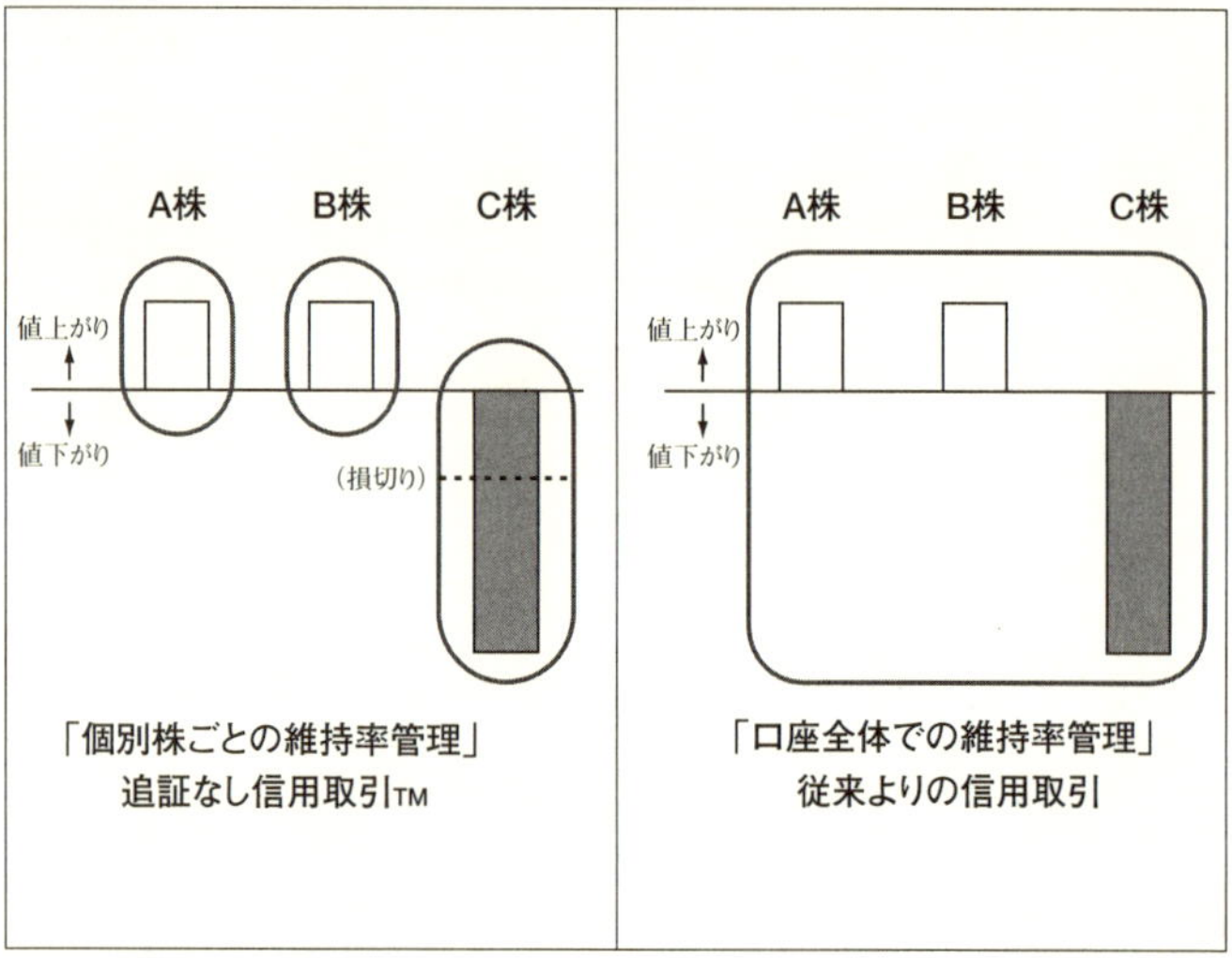

に勝てない」と思ったからです。第一、値上がりしている株が下がっている株の損失を覆い隠してしまいます。

だから新しい「追証なし信用取引」では、個々の株式の値下がり率を明確に示すために、つねに個々の株式ごとに値動き率を算出し、管理することにしました。もちろん同じ銘柄であっても買った金額が異なる株は別のものとして算出します（図⑨参照）。

新しい取引では従来の取引と異なり、このように個別株ごとに管理しますので、値上がりした株は値下がり株の影響を受けることはありません。つまりある株が下がっても、値上がりしている株まで売られてしまうことをなくしたのです。

図⑩

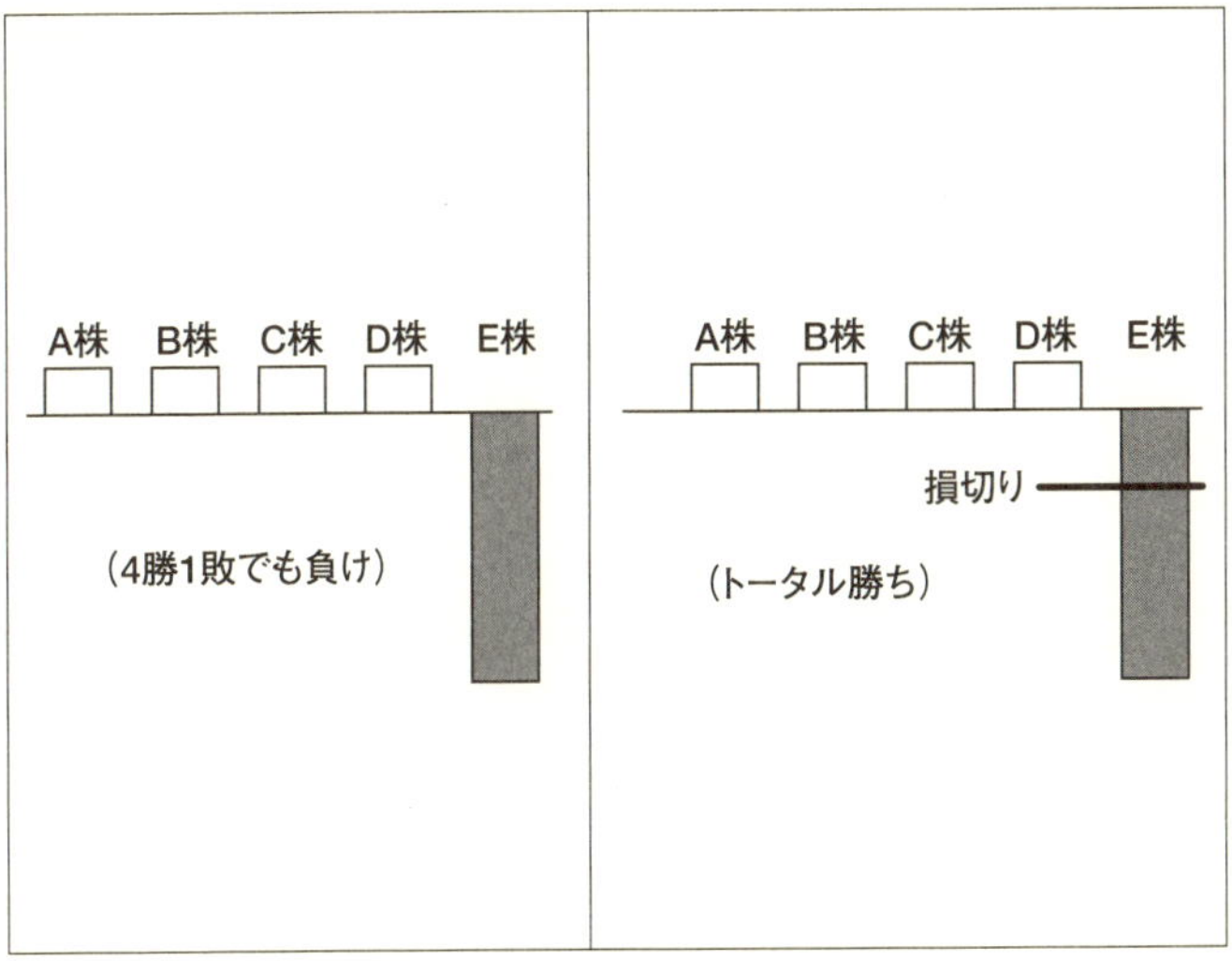

個別株ごとに維持率が表示されるようになると損切りのタイミングも計りやすくなります。しかし前述したように、自分で損切りをするのはよほどのプロでないかぎりむずかしいものです。「もう少し待てば上がるかもしれない」「こっちの株が上がっているからまだプラスだ。もう少し待ってみよう」などと、誘惑の声が聞こえてきて損切りのタイミングを逸してしまうものです。

図⑩左の図をごらんください。A株からE株まで五つの株を持っていたとします。よくあるのは、勝っている四つの株の利益幅は小さく、負けているひとつの株の損が大きい、トータルはプラス・マイナス・ゼロか、もしくはマイナスというケースです。私自身、なぜかこうなるケースが多くありました。

ここでよく考えてみてください。**図⑩**右の図のように大きく下がったひとつの株を早い時期に損切りしておけば、このようなケースでもトータルで大きく勝てるのです。

そうです！　早めに損切りをすることが最終的に勝つ秘訣なのです。

投資家を市場から退場させないために

ひとつ怖い話をしましょう。

図⑩左の図のようなケースで、下がっていたE株がさらに突然大きく下がってしまった場合です。追証の金額があまりに大きく、すぐに用意できなかった場合、すでに述べた「後ろ向きの損切り」によって、A株からE株まですべて売却されてしまいます。しかも、E株の値下がりがあまりにも大きすぎるため、すべての株を売却してもその合計が融資金に満たなかったときは（すでに、すべての株を売っているにもかかわらず）今度は「追証」ではなく「不足金」の支払いを求められるのです。

ここまでくると、その顧客はその後取引することができなくなり、市場からの退場を余儀なくされます。長く信用取引を行っていると、何年かに一度はこのように突然大きく下げる株をつかんでしまいます。そしていま述べたような状況に陥ってしまうこともあるのです。

証券会社では昔から「信用取引の顧客は五年続かない」というジンクスが囁《ささや》かれているそうです。そんなことになってしまうのは、いまの信用取引の仕組みが証券会社の融資金回収を優先させてつくられているからです。すなわち「株価下落→追証入れ→（後ろ向きの）全株売却による融資金回収」という流れが厳然として存在しているからなのです。

そこで私は信用取引の仕組みを改良し、投資家を守り、またそれ以上に勝ちやすくなるようにしたのです。

図⑪

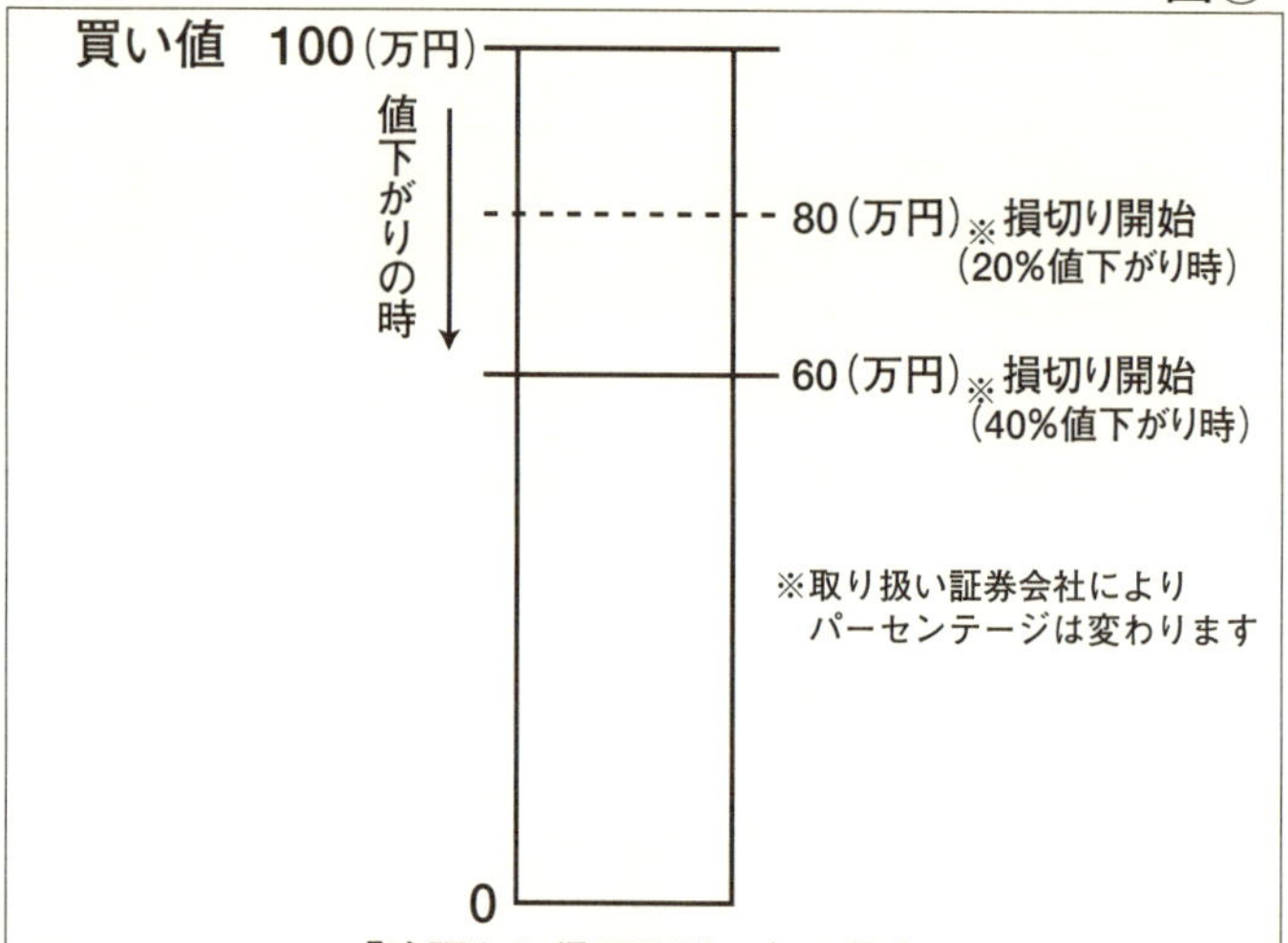

「追証なし信用取引TM」の基本

「リスクはここまで」という信用取引

図⑪をごらんください。「追証なし信用取引」では口座内のすべての株それぞれについて、たとえば二〇パーセント（証券会社によって率は変わります）値下がりした時点で証券会社が損切りをはじめます。つまり市場で株を売りに出します。

それが、たとえば四〇パーセント（証券会社によって率は変わります）まで下がっても売れなかった場合は、証券会社が四〇パーセント下がった時点で買い取ってくれます。「追証なし信用取引」は株を個別管理しますから、口座のなかのほかの株はす

図⑫

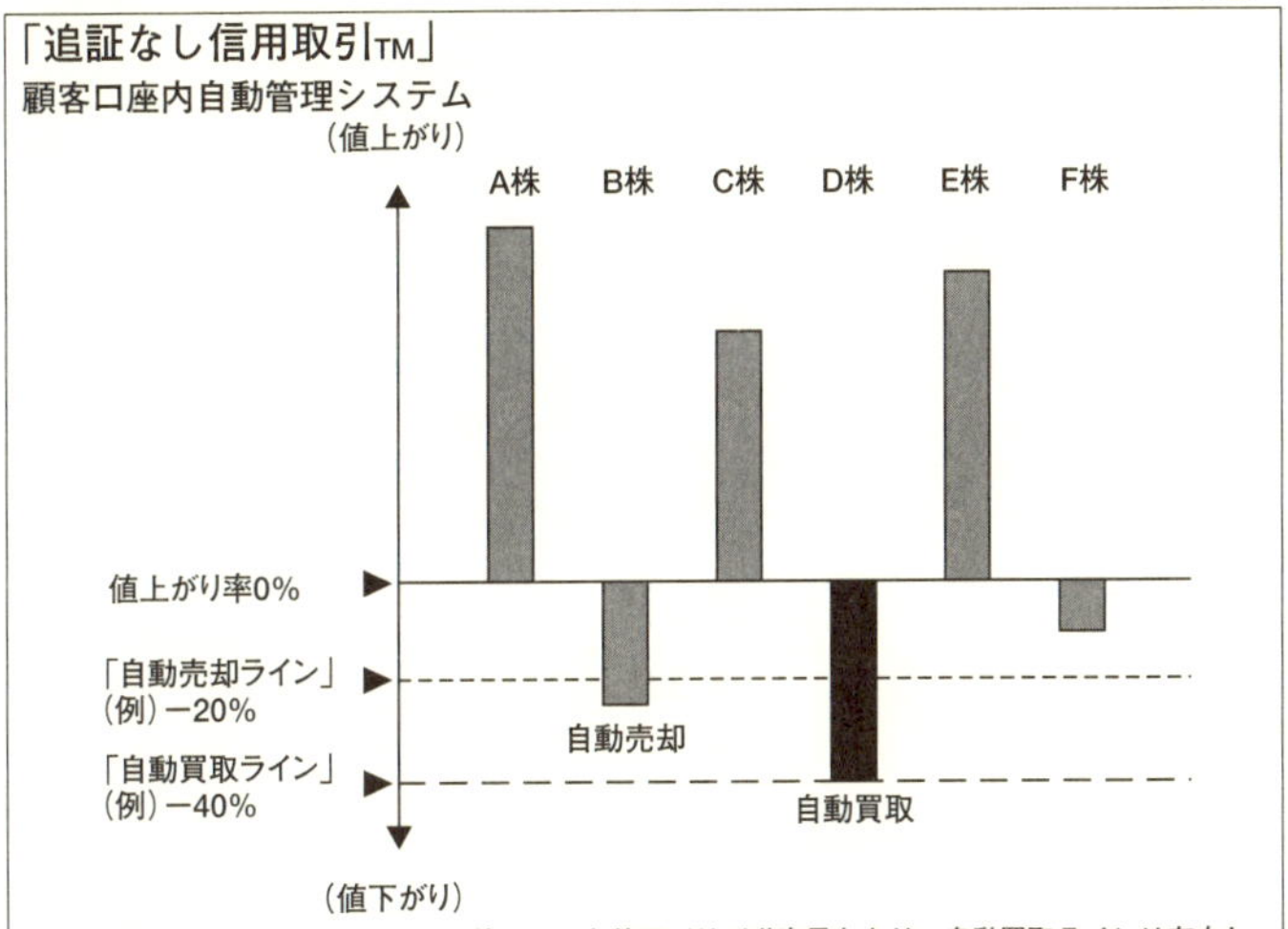

注：信用取引の売建てについては、値上がりと値下がりが逆表示となり、自動買取ラインは存在しない。

べてそのまま生きています（**図⑫**参照）。

一方証券会社は、その買い取りによって（買い取った株が値上がりすれば）利益の出る場合もありますが、損失を抱える可能性もあります。ですから彼らは売買手数料と金利の一部を使って自らリスクヘッジを行なったり、別の会社にリスクヘッジのみを委託しておくのです。

こうして「個別株ごとの維持率管理」と「損切り」を行うことにより、**図⑩**左の図のような四勝一敗でも「負け」という事態を避けることができるようになったのです。

また「追証なし信用取引」にはもうひとつ大きなメリットがあります。それは、**信用取引の保証金として入れた自己資金以上**

の損失が発生しないということです。

繰り返しになりますが、信用取引では自己資金に限度のある個人投資家が、お金を借りて自己資金以上の株（現物取引の約三倍）を買うことができ、値上がり時には約三倍の利益を獲得できる反面、損失も約三倍になることがあります。

しかしこの「追証なし信用取引」では、最悪の場合でも保証金として入れた自己資金が「ゼロ」になったラインで証券会社にその株を買い取ってもらえます。これによってどんな大暴落が起こったとしても、自己資金以上の損は発生しません。持っている株はすべて買い取ってもらえるからです。

つまり「**勝つときは自己資金の約三倍**」「**負けるときは自己資金がゼロになるところまで**」という、ローリスク（リスク限定）・ハイリターンの取引が完成したのです。

図⑬を見ていただけば一目瞭然でしょう。従来の現物取引はローリスク・ローリターンです。もう一方の信用取引はハイリスク・ハイリターンでした。「追証なし信用取引」はその中間に位置する取引なのです。

ローリスク・ハイリターンというのは、きわめて日本人好みの投資方法ではないでしょうか。ジャンルこそ違いますが、じつは私たちはローリスク（損は自己資金の範

図⑬

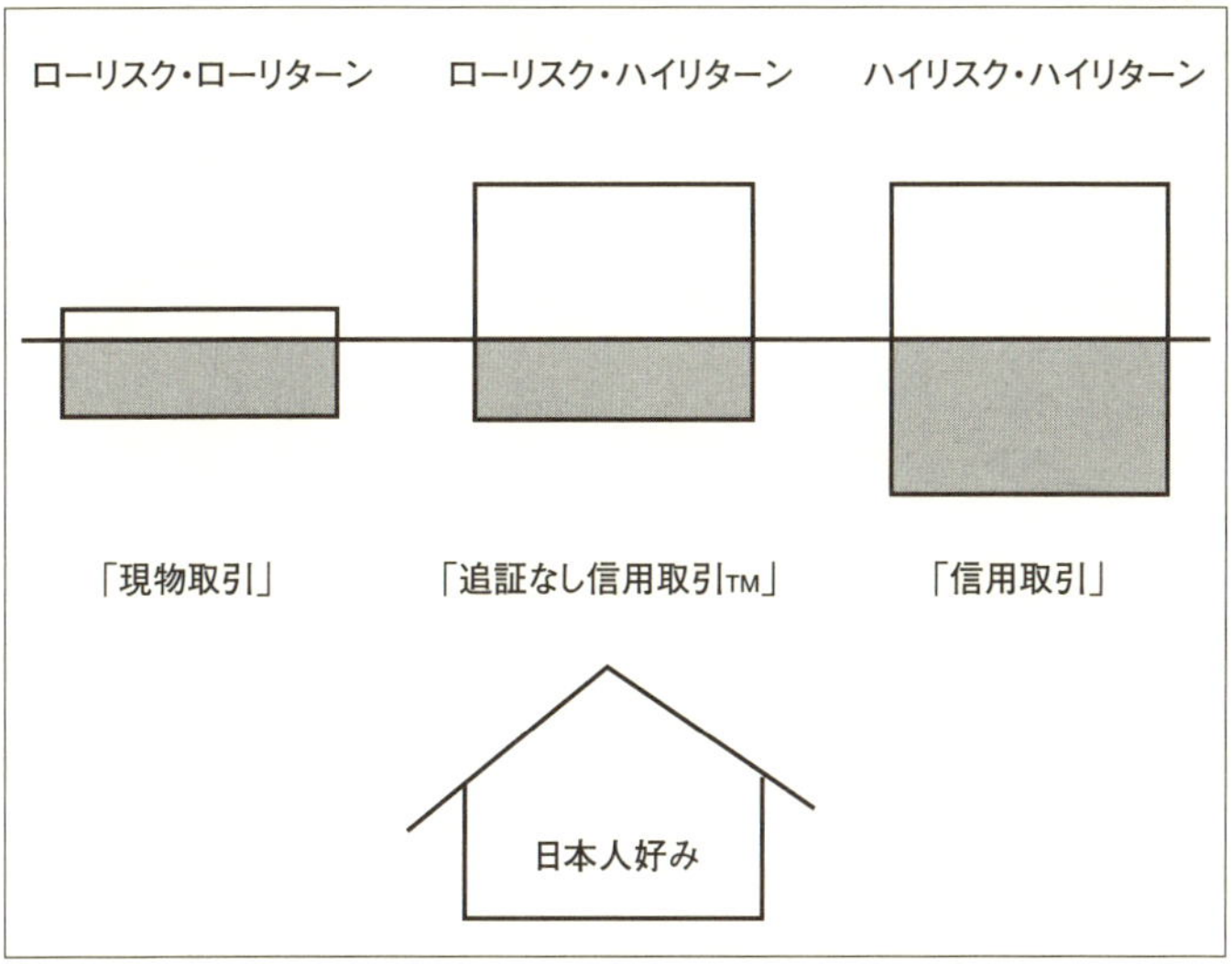

囲内）・ハイリターンの勝負にずいぶん慣れ親しんでいます。宝くじ、競馬、パチンコなどがそうです。このシステムが日本人の気質に合っているからこそ、これらの業界が大きな産業を構成するようになっているのではないでしょうか。

日本人がリターンを狙ってお金を使うときの判断基準は、それが自分たちの気質に合っているかどうかが大きなポイントになります。日本人は細心なのか、できれば大きなリスクは負いたくないと考えるのが普通です。私の新しい二つのシステムはまさにそうした日本人気質にマッチしたものだといえるでしょう。

私は、欧米から入ってきた現物取引と信

用取引の中間に位置する、日本人気質に合ったローリスク・ハイリターンの新しい株の取引方法を創りたかったのです。先に触れた「塩づけなし現物取引」も従来の現物取引よりリスクが小さくなります。「塩づけなし現物取引」も、従来の現物取引と信用取引の間に位置するローリスク・ハイリターン型の取引です。

この取引の登場によって個人投資家は、証券会社を「株取引の損を小さくしてくれるパートナー」と見ることができるようになります。信頼できるパートナーがいることは大変心強いものです。

日本人気質に合ったこの二つの新しい株の取引方法によって、新たに多くの投資家が安心して株式市場に参入できるようになるはずだと、私は思います。

「追証なし信用取引」の特長

「追証なし信用取引」についてまとめると、それは主に従来の信用取引に次の三つの機能を付けたものだということができます。

①個別株ごとの維持率管理

②一定率での損切り
③その後は一定率での買い取り

これらは素早い「損切り」を確実に実行することによって「トータルで勝てる」ようにするためのツールになります。それと同時に、リスクは「最悪でも自己資金まで」という「リスク限定型の信用取引」を実現します。もちろん、株価急落やストップ安がいつまでも続く株、倒産株を持っていた場合にも当てはまります。

そしてわれわれ個人投資家は、これまでむずかしかった損切りは証券会社に任せて、自分は株の楽しみ――銘柄選択と値上がり株の売却時期を読むということにだけ没頭することができるようになるのです。心理的にも本当に気分よく株取引を行えることでしょう。

これからの信用取引は、従来どおりの「追証のある信用取引」と「追証のない信用取引」のどちらかを選べるようになりました。これも広告風に表せば、次頁の図⑭のようになります。

あなたはどちらを使いますか？

図⑭

これから、株の信用取引は、「追証なし」、「追証あり」のどちらかを選べるようになりました。

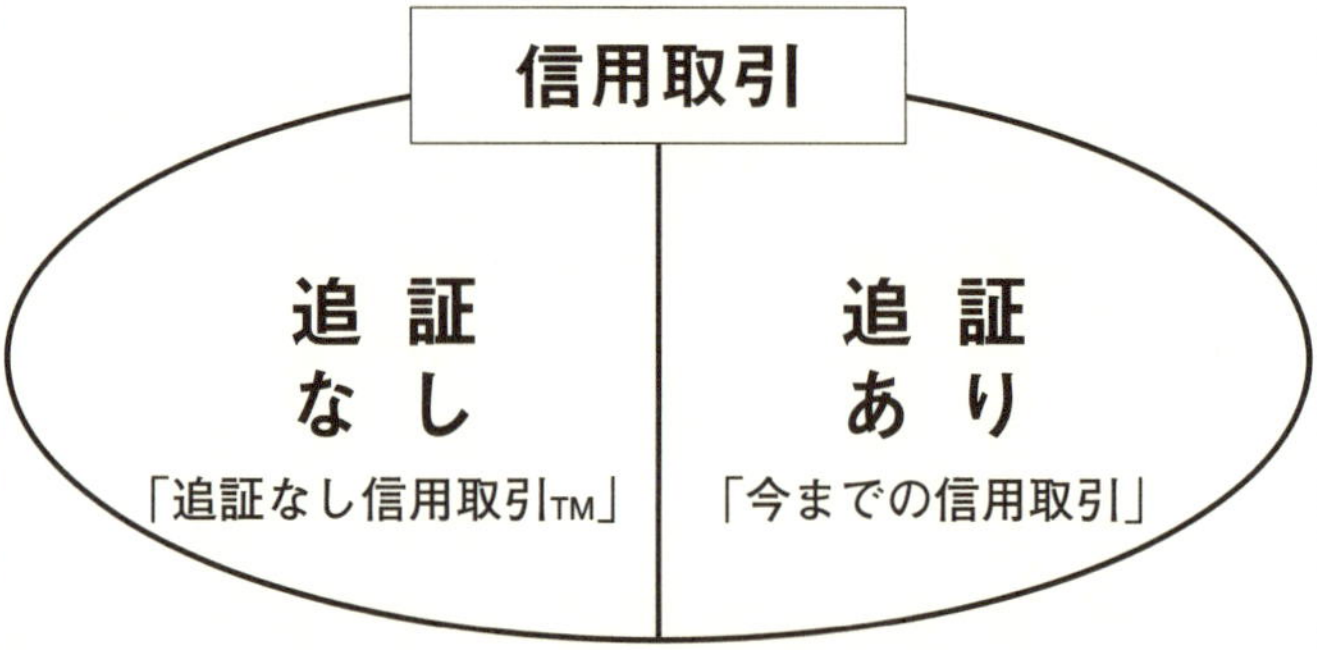

あなたは、どちらを使いますか?

「追証なし信用取引」のお問合せ資料請求は、

○○証券　TEL 0120－××－××××

エピローグ……………………………………楠　大史

安心できる株式投資を目指して

いままでの証券会社のユーザーに対するサービスは、顧客の注文を株式市場に仲介することでした。しかしこの新しい二つのリスクストップ株取引がはじまることによって、証券会社は顧客の依頼を受け、つねに顧客の立場に立って市場と向き合い、そして損切りを「代行する」という、これまでとはまったく質の違うサービスを行うことになります。

証券会社がこの新しいサービスを提供するようになれば、取引中の顧客から「追証を取り立てる」といったこともなくなります。証券会社が顧客と敵対的な関係を持つことはいっさいなくなるのです。証券会社は今後「どんなときも顧客の利益を考える」真のパートナーになるといってもいいでしょう。

またこの新しい取引は、新しくはじまる証券仲介業やインターネット取引、コールセンター取引等々、すべての取引に適用できます。証券会社はじまって以来の新サービスといっても過言ではありません。

株式投資を行う際、私たち投資家の気持ちは二つに集約することができます。

ひとつは「大きな利益を得たい」という願望。

もうひとつは「損失はできるだけ避けたい」という気持ちです。

後者の気持ちが強いと、どうしても投資に臆病になります。ところが、新しいサービスを利用することによって大きな損失が防げるとなれば……たとえ売買手数料が多少かかったとしても、投資家にとっては結果的にメリットがあるといえます。われわれ投資家が怖いのは「損失」であり「手数料」ではないのです。

また、心理的にむずかしい損切りを証券会社に代行してもらうことによって、自分自身は「大きな利益を得る」ために値上がり株の売買や新たに買う株の選択という、株式投資のいちばん楽しい部分だけに集中できるようになります。

「大きな利益を得たい」、しかも「損失はできるだけ避けたい」という、この二つの願いをともに満たす取引こそ、われわれ投資家の待ち望んでいた取引です。

それを実現した「塩づけなし現物取引」と「追証なし信用取引」は「勝ちやすい取引」ということができます。この新しいシステムの登場で、われわれ個人投資家もやっと安心して株式投資を楽しめるようになるはずです。

＊

最後に、この新しい取引の開発にあたっては次の法律の専門家のかたがた（敬称略）に多大なご協力をいただきましたので、紙面を借りて深く感謝いたします。

（法律）弁護士　和久田　修（優理総合法律事務所）
（法律・ノーアクションレター）
　　弁護士　柳田　直樹（柳田野村法律事務所）
　　弁護士　浅野　健太郎（柳田野村法律事務所）

「塩づけなし現物取引」と「追証なし信用取引」についての資料や、取り扱い証券会社に関する資料は、下記よりお送りいたします。お電話、Eメール等にてご連絡ください。

ファイナラボ株式会社　カスタマーセンター
TEL ：03-5649-3030
FAX ：03-5560-0648
ホームページ：http://www.finalabo.co.jp
Email：info@finalabo.co.jp

付　録

「リスクストップ株取引TM」資料

Ⅰ　塩づけなし現物取引概要
　　保有株式・管理表
　　塩づけなし現物取引約款「骨子」

Ⅱ　追証なし信用取引概要
　　建玉・管理表
　　追証なし信用取引約款「骨子」

I 「塩づけなし現物取引™」概要

（専用コンピュータシステムについて特許出願済）

取引の特長

現物取引の特約の付いた新しいかたちである。

1．個別株ごとの値動き率管理。

2．塩づけ株の発生しない現物取引。

3．自己資金の30％（例）以上は損失のない現物取引。

4．投資家の預かり状況は個別株ごとの値動き率表示を含めて、インターネット表示する。

取引の内容

次の1、2の内容をともに、もしくは1の内容のみを特約として、現物取引に付けた取引である。

1．口座内全建玉について、同一価格で購入した同一銘柄の株式を一単位として、その一単位の株式ごとに、一律に一定率での売却による損切りが行われることとする。
◎株が15％値下がり（損切率を15％とした場合）になった時。
⇓その一単位の株式のみ証券会社により市場で売却する。

2．口座内全建玉について、同一価格で購入した同一銘柄の株式を一単位として、その一単位の株式ごとに、一律に一定率での買取りにより損切りが行われる。
◎株が30％値下がり（損切率30％とした場合）まで売却できない時。
⇓その一単位の株式のみ証券会社による市場外での買取りを行う。
※証券会社は、この取引のための株式委託手数料他は、従来の現物取引と別途定めるものとする。

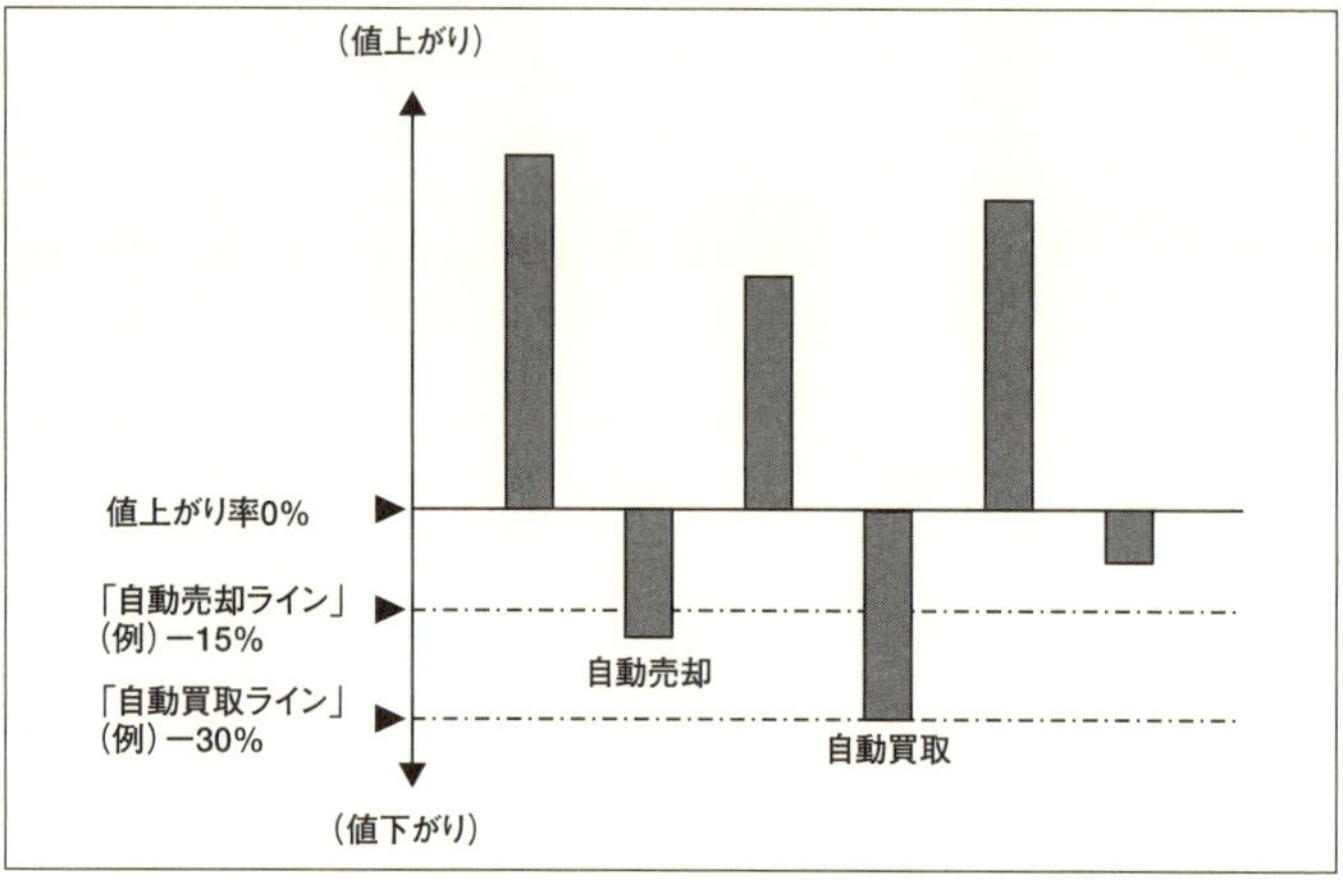

顧客口座内自動管理システム

投資家のメリット

1．個別株ごとに、上がった株は自分で売り、下がった株は証券会社による売却となるので、損切りのタイミングを逃さない。
2．塩づけ株がなくなる。
3．1回の損は、最大でも自己資金の30％までとなる。
4．ロスカットが早いので、2勝3敗でも勝てる。（今までは1つの株が大きく下げることにより、4勝1敗でも負けることがあった）

次の現物取引の〈保有株式・管理表（A）〉及び〈保有株式・管理表（B）〉は、証券会社が売却や買取りによる損切りについての新しい特約をした新しい現物取引を行う顧客に提供する、顧客ごとの保有株式管理表です。

尚、表(A)(B)についての損切りや買取りによる損切りの基準は株の値下り率であります。

現物取引の〈保有株式・管理表（A）〉

（例）2003年11月７日現在

銘柄	保有株数（株）	取得単価（円）	取得日	評価損益（円）	評価株価（円）	現在値値下り率（%）	損切り指定率「例」−15%	損切り指定株価（円）	損切り実行開始サイン
日本農産工業（東・2051）	10,000	225	03／09／22	−210,000	204	−9.3%	−15%	191	損切り開始時にこの枠内にサイン（▲）がでます。
村兼産業（東・2286）	1,000	140	03／09／01	−15,000	125	−10.7%	−15%	119	
オエノンホールディングス（東・2533）	2,000	262	03／07／31	−52,000	236	−9.9%	−15%	222	
	3,000	258	03／07／31	−66,000	236	−8.5%	−15%	219	
	3,000	250	03／08／10	−42,000	236	−5.6%	−15%	212	
←従来よりの表示パターン→						←新たに追加する表示→			

この株の現物取引の〈保有株式・管理表（A）〉は、顧客の保有株式を同一銘柄で同一購入株価であるものを保有単位株式と定義し一単位として表示したうえで、顧客と証券会社が株価の値下り率に基いた算出方法を含め予め定めた「損切り指定率」と、その損切り指定率計算方法により算出した「損切り指定株価」と、現在の評価株価がその損切り指定率に対してどの位置にあるかを判断できる数値と、その損切り指定株価に評価株価が達したことにより証券会社による損切りの開始を示すサインを、新たに顧客口座内のすべての保有単位株式ごとに表示することを特長として、新しい特約付現物取引の内容を表現した図表であります。

尚、表内の評価株価は顧客と証券会社の定めにより、市場現在値を用いる場合や市場終値他を用いる場合があります。

現物取引の〈保有株式・管理表（B）〉

（例）2003年11月７日現在

銘柄	保有株数（株）	取得単価（円）	取得日	評価損益（円）	評価株価（円）	現在値値下り率（%）	損切り指定率「例」−15%	損切り指定株価（円）	損切り実行開始サイン	「市場外買取り指定株価」損切り指定率−30%
日本農産工業（東・2051）	10,000	225	03／09／22	−210,000	204	−9.3%	−15%	191	損切り開始時にこの枠内にサイン（▲）がでます。	158
村兼産業（東・2286）	1,000	140	03／09／01	−15,000	125	−10.7%	−15%	119		98
オエノンホールディングス（東・2533）	2,000	262	03／07／31	−52,000	236	−9.9%	−15%	222		184
	3,000	258	03／07／31	−66,000	236	−8.5%	−15%	219		181
	3,000	250	03／08／10	−42,000	236	−5.6%	−15%	212		175
←従来よりの表示パターン→						←新たに追加する表示→				

この〈保有株式・管理表（B）〉は、上記〈保有株式・管理表（A）〉に加えて、顧客と証券会社が株価の値下り率に基いて算出方法と売買方法を予め定めた、市場外でのその保有単位株式についての証券会社他による買取り株価を、新たにすべての保有単位株式ごとに表示することを特長として、新しい特約付現物取引の内容を表現した図表であります。

（仮称）塩づけなし現物取引約款「骨子」

（約款の目的）

第1条　本約款は、顧客（以下「甲」という）と○○証券株式会社（以下「乙」という）との間における、塩づけなし現物取引の内容及び権利義務に関する事項を明確にすることを目的として定めるものである。

（本約款の効力）

第2条　本約款に定める事項と乙の総合取引約款その他の約款に定める事項とが抵触する場合、本約款に定める事項が優先するものとする。

（定義）

第3条　「塩づけなし現物取引」とは、法令及び東京証券取引所の定める受託契約準則（以下「受託契約準則」という）により規定される現物取引であって、かつ本約款が適用される現物取引をいう。

2　本約款において「個別株」とは、甲が第4条に定める専用の現物取引口座により同一価格で購入した同一銘柄の株式をいう。

3　本約款において「損切り依頼率」とは、以下の計算式により個別株ごとに算出される数値をいう。

損切り依頼率(%)＝（当該個別株の市場株価－当該個別株の購入時の市場株価）
÷当該個別株の購入時の市場株価×100

注）上記「当該個別株の市場株価」は、市場終値を基準とするか、各時点での市場現在値を基準とするかについては、別途定めるものとする。
又、損切り依頼率は、損切り指定率他の用語を用いる場合もある。

（取引口座）

第4条　塩づけなし現物取引は、本約款が適用されない現物取引口座または信用取引口座とは別個に専用の現物取引口座を設けて行うものとする。

（購入の拒否）

第5条　乙は、株式の銘柄毎に購入することができる株式数に限度枠を設ける必要等の理由（当該理由を含むがこれに限られない）から、甲が塩づけなし現物取引により株式を購入することを拒否すること（以下「購入の拒否」という）ができる。乙は、甲に対して購入の拒否の理由を告げる必要はないものとする。

（損切り）

第6条　甲は、塩づけなし現物取引による買付注文と同時に、当該個別株の損切り依頼率がマイナス15％（乙が別途定めた場合はその割合とする）を下回ることを停止条件として（それ以前に当該個別株が売却されること及び当該個別株にかかる株式の市場株価が次項に定義するY円になることを解除条件ともする）、損切り依頼率がマイナス30％（乙が別途定めた場合はその割合とする）となる価格（以下「X円」）以上の最小の市場呼値価格（以下「V円」）より大きい最小の市場呼値価格（以下「W円」）を指値として、市場内において当該個別株を売却する注文を行うものとする。その依頼に基づき乙は、当該個別株の損切り依頼率がマイナス15％（乙が別途定めた場合はその割合とする）を下回ることを停止条件として（それ以前に当該個別株が売却されること及び当該個別株にかかる株式の市場株価が次項に定義するY円になることを解除条件ともする）、W円を指値として、当該個別株を、市場内において売却する。

2 甲は、塩づけなし現物取引による買付注文と同時に、当該個別株にかかる株式の市場株価が、当該個別株を購入した後に市場でW円未満の市場株価がつくこと（特別気配値で表示されたことを含む）を停止条件として（それ以前に当該個別株が売却されることを解除条件ともする）、当該時点で、当該個別株を、当該個別株を購入した後に市場でW円未満で最初についた市場株価（特別気配値で表示された場合を含む。以下「Y円」にて、市場外において、乙に対して売却する注文を行うものとする。乙は、当該個別株にかかる株式の市場株価が、当該個別株を購入した後に市場でW円未満の市場株価がついたこと（特別気配値で表示されたことを含む）を停止条件として（それ以前に当該個別株が売却されることを解除条件ともする）、当該時点で、Y円にて、甲から当該個別株を市場外において買取るものとする。

3 甲は、前二項とは別に当該個別株の売り注文を行う場合、当該売り注文に際して、前二項のいずれかの停止条件が成就することを停止条件として、当該売り注文を取り消す旨の意思表示を行うものとする。甲が当該売り注文を行い、当該売り注文に基づく売買が成立する以前に前二項のいずれかの停止条件が成就したときは、当該売り注文は取り消されるものとする。

注1）本条は、市場内での売却による損切り（第1項）と市場外での買取りによる損切り（第2項）のいずれも行う場合の条項案である。市場内での売却による損切りのみを行う場合には、第2項を削除する。

注2）本条におけるW円、Y円の定義は例示であり、証券会社の判断で変更することができるものとする。

（損切り依頼率等の確認）

第7条　甲は乙が指定するホームページに表示される当該甲の損切り依頼率その他の情報を毎営業日の午後●時から翌日の午前●時までの間に確認するものとする。

2　甲が前項の確認を怠ったことによって被った損害に関して乙は一切責任を負わないものとする。

（委託手数料）

第8条　塩づけなし現物取引に関する委託手数料は、取引毎に乙が決定するものとする。

Ⅱ 「追証なし信用取引™」概要

（専用コンピュータシステムについて特許出願済）

取引の特長

信用取引の特約の付いた新しいかたちである

1．個別建玉ごとの維持率管理。

2．追証のいらない信用取引。

3．自己資金以上損失のない信用取引。

4．投資家の預かり状況は個別株ごとの維持率表示を含めて、インターネット表示する。

取引の内容

次の1、2の内容をともに、もしくは1の内容のみを特約として、信用取引に付けた取引である。

1．口座内全建玉について、同一取引日に同一価格で建てた同一銘柄の建玉を一単位として、その一単位の建玉ごとに、一律に一定率での損切りが行われることとする。

（委託保証金維持率を、例えば40％とした場合）

◎株が20％値下がり（保証金維持率20％）になった場合

⇓その一単位の建玉のみ証券会社により市場で反対売買する。

2．口座内全建玉について、同一取引日に同一価格で建てた同一銘柄の建玉を一単位として、その一単位の建玉ごとに、一律に一定率での買取りによる損切りが行われることとする。

◎株が40％値下がり（保証金維持率0％）まで売却できない場合

⇓その一単位の建玉のみ証券会社による市場外での買取りを行う。

※上記1、2の反対売買や買取りによる損切り率を単純に建玉の値下がり率で算出する場合もあることとする。

※証券会社は、この取引のための株式委託手数料や金利他は、従来の信用取引と別途定めるものとする。

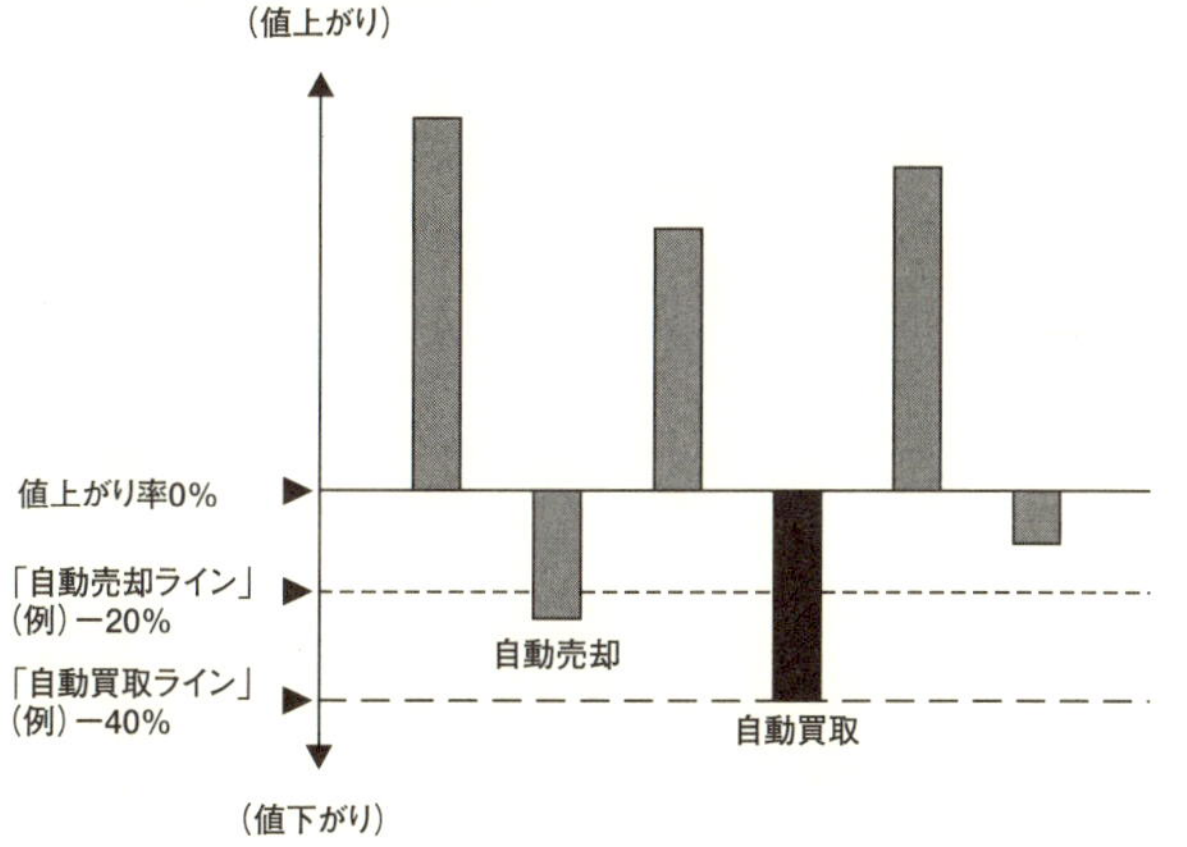

※この表は、損切り率の算出方法を建玉の値下がり率とした場合の例です。
※売り建ての場合は、自動買取りはないものとする。

顧客口座内自動管理システム

投資家のメリット

1. 個別建玉ごとに、上がった株は自分で売り、下がった株は証券会社による売却となるので、損切りのタイミングを逃さない。
2. 塩づけ株がなくなる。
3. 追証のプレッシャーがない。
4. ロスカットが早いので、2勝3敗でも勝てる。

（今までの総額維持率管理では1つの株が大きく下げることにより、4勝1敗でも負けることや追証が発生することがあった）

以下の信用取引の建玉・管理表(A)(B)(C)(D)は、証券会社が反対売買や買取りによる損切りについての新しい特約をした新しい信用取引を行う顧客に提供する、顧客ごとの建玉管理表です。

尚、表(A)(B)についての反対売買や買取りによる損切りの指定株価の算出方法は保証金維持率を基準としており、表(C)(D)については、株の値下り率を基準としております。

信用取引の〈建玉・管理表（A)〉

（例）2003年11月７日現在

銘柄	建区分（期間）	建株数（株）	建単価（円）	建日 期日	受払諸経費（円）	評価損益（円）	評価株価（円）	現在維持率（%）	損切り指定維持率「例」20%	損切り指定株価（円）	損切り実行開始サイン
日本農産工業（東・2051）	買建（半年）	10,000	225	03／09／22 04／03／19	−10,666	−220,666	204	30.2	20%	181	損切り開始時にこの枠内にサイン（▲）がでます。
村兼産業（東・2286）	買建（半年）	1,000	140	03／09／01 04／02／27	−991	−15,991	125	28.6	20%	112	
オエノンホールディングス（東・2533）	買建（半年）	2,000	262	03／07／31 04／01／29	−4,329	−56,329	236	29.3	20%	211	
		3,000	263	03／07／31 04／01／29	−6,517	−87,517	236	28.9	20%	212	
		3,000	262	03／08／01 04／01／29	−6,580	−84,580	236	29.2	20%	211	
←――― 従来よりの表示パターン ―――→								←― 新たに追加する表示 ―→			

この株の信用取引の建玉・管理表(A)は、顧客の建玉ごとの従来よりの表示（同一取引日に同一価格で建てた同一銘柄の建玉を、一単位としての表示）に加えて、顧客と証券会社が保証金維持率を基にした算出方法を含め予め定めた「損切り指定維持率」と、その損切り指定維持率計算方法により算出した「損切り指定株価」と、現在の評価株価がその損切り維持率に対してどの位置にあるかを判断できる数値と、その損切り指定株価に評価株価が達したことにより証券会社による損切りの開始を示すサインを、新たに顧客口座内のすべての一単位の建玉ごとに表示することを特長として、新しい特約付信用取引の内容を表現した図表であります。

尚、表内の評価株価は顧客と証券会社の予めの定めにより、市場現在値を用いる場合や市場終値他を用いる場合があります。

信用取引の〈建玉・管理表（B)〉

（例）2003年11月７日現在

銘柄	建区分（期間）	建株数（株）	建単価（円）	建日 期日	受払諸経費（円）	評価損益（円）	評価株価（円）	現在維持率（%）	損切り指定維持率「例」20%	損切り指定株価（円）	損切り実行開始サイン	「市場外買取り予定株価」損切り指定維持率０%
日本農産工業（東・2051）	買建（半年）	10,000	225	03／09／22 04／03／19	−10,666	−220,666	204	29.7	30.2	181	損切り開始時にこの枠内にサイン（▲）がでます。	137
村兼産業（東・2286）	買建（半年）	1,000	140	03／09／01 04／02／27	−991	−15,991	125	27.9	28.6	112		85
オエノンホールディングス（東・2533）	買建（半年）	2,000	262	03／07／31 04／01／29	−4,329	−56,329	236	28.4	29.3	211		160
		3,000	263	03／07／31 04／01／29	−6,517	−87,517	236	28.0	28.9	212		160
		3,000	262	03／08／01 04／01／29	−6,580	−84,580	236	28.4	29.2	211		160
←――― 従来よりの表示パターン ―――→								←― 新たに追加する表示 ―→				

この建玉・管理表(B)は、上記建玉・管理表(A)に加えて、顧客と証券会社が保証金維持率を基にした算出方法を含め予め定めた、市場外でのその一単位の建玉ごとについての証券会社他による買取り株価を、一単位の新たにすべての建玉ごとに表示することを特長として、新しい特約付信用取引の内容を表現した図表であります。

信用取引の〈建玉・管理表（C）〉

（例）2003年11月7日現在

銘柄	建区分（期間）	建株数（株）	建単価（円）	建日 期日	受払諸経費（円）	評価損益（円）	評価株価（円）	現在値動率（%）	損切り指定率「例」−15%	損切り指定株価（円）	損切り実行開始サイン
日本農産工業（東・2051）	買建（半年）	10,000	225	03／09／22 04／03／19	−10,666	−220,666	204	−9.3%	−15%	191	損切り開始時にこの枠内にサイン（▲）がでます。
村兼産業（東・2286）	買建（半年）	1,000	140	03／09／01 04／02／27	−991	−15,991	125	−10.7%	−15%	119	
オエノンホールディングス（東・2533）	買建（半年）	2,000	262	03／07／31 04／01／29	−4,329	−56,329	236	−9.9%	−15%	222	
		3,000	263	03／07／31 04／01／29	−6,517	−87,517	236	−10.3%	−15%	223	
		3,000	262	03／08／01 04／01／29	−6,580	−84,580	236	−9.9%	−15%	222	
←従来よりの表示パターン→								←新たに追加する表示→			

この株の信用取引の建玉管理表(C)は、前ページの建玉・管理表の(A)(B)図と同じ設定で損切りの指定率や指定株価の算出方法のみ、その株の株価値下り率を基にして、新しい特約付信用取引の内容を表現した図表であります。

尚、表内の評価株価は顧客と証券会社の予めの定めにより、現在株価を用いる場合や終値他を用いる場合があります。

信用取引の〈建玉・管理表（D）〉

（例）2003年11月7日現在

銘柄	建区分（期間）	建株数（株）	建単価（円）	建日 期日	受払諸経費（円）	評価損益（円）	評価株価（円）	現在値動率（%）	損切り指定率「例」−15%	損切り指定株価（円）	損切り実行開始サイン	「市場外買取り予定株価」損切り指定率30%
日本農産工業（東・2051）	買建（半年）	10,000	225	03／09／22 04／03／19	−10,666	−220,666	204	−9.3%	−15%	191	損切り開始時にこの枠内にサイン（▲）がでます。	158
村兼産業（東・2286）	買建（半年）	1,000	140	03／09／01 04／02／27	−991	−15,991	125	−10.7%	−15%	119		98
オエノンホールディングス（東・2533）	買建（半年）	2,000	262	03／07／31 04／01／29	−4,329	−56,329	236	−9.9%	−15%	222		184
		3,000	263	03／07／31 04／01／29	−6,517	−87,517	236	−10.3%	−15%	223		185
		3,000	262	03／08／01 04／01／29	−6,580	−84,580	236	−9.9%	−15%	222		184
←従来よりの表示パターン→								←新たに追加する表示→				

この建玉・管理表(D)は、上記建玉・管理表(C)に加えて、顧客と証券会社が株価の値下り率を基にした算出方法を含め予め定めた、市場外でのその建玉についての証券会社他による買取り株価を、新たにすべての建玉に表示することを特長として、新しい特約付信用取引の内容を表現した図表であります。

（仮称）追証なし信用取引約款「骨子」

（約款の目的）
第１条　本約款は、顧客（以下「甲」という）と〇〇証券株式会社（以下「乙」という）との間における、追証なし信用取引の内容及び権利義務に関する事項を明確にすることを目的として定めるものである。

（本約款の効力）
第２条　本約款に定める事項と乙の総合取引約款その他の約款に定める事項とが抵触する場合、本約款に定める事項が優先するものとする。

（定義）
第３条　「追証なし信用取引」とは、法令及び東京証券取引所の定める受託契約準則（以下「受託契約準則」という）ならびに信用取引口座設定約諾書により規定される信用取引であって、かつ本約款が適用される信用取引をいう。

2　本約款において「単位建玉」とは、甲が同一取引日に同一価格で建てた同一銘柄の建玉をいう。

3　本約款において「単位建玉にかかる委託保証金」とは、当該単位建玉の約定代金の40％（乙が別途定めた場合はその割合とする）に相当する計算上の数値をいう。単位建玉にかかる委託保証金は、当該単位建玉を建てた時点で計算上当該単位建玉の委託保証金として固定されるものとし、委託保証金の入金や出金等により変動しないものとする。

4　本約款において「損切り依頼計算率」とは、以下の計算式により単位建玉ごとに算出される数値をいう。

（買い建ての場合）

損切り依頼計算率（％）＝（単位建玉にかかる委託保証金－当該単位建玉にかかる買方利息＋当該単位建玉の含み損益）÷当該単位建玉の約定代金×100

（売り建ての場合）

損切り依頼計算率（％）＝（単位建玉にかかる委託保証金－（当該単位建玉にかかる貸株料

＋逆日歩）＋当該単位建玉の含み損益｝÷当該単位建玉の約定代金×１００

注１）「損切り依頼計算率」との用語の代わりに「損切り指定維持率」他の用語を用いる場合もある。

注２）第４項の計算式中の「当該単位建玉の含み損益」を、市場終値を基準にして算出するか、各時点での市場現在値を基準にして算出するかについては、別途定めるものとする。

注３）「損切り依頼計算率」は、別紙記載の計算式により算出すると定めることもできる。この場合、第６条及び第７条についても別紙記載のとおりに変更するものとする。

（取引口座）

第４条　追証なし信用取引は、現物取引口座または本約款が適用されない信用取引口座とは別個に専用の信用取引口座を設けて行うものとする。

（建玉の拒否）

第5条　乙は、株式の銘柄毎に建てられる建玉数に限度枠を設ける必要等の理由（当該理由を含むがこれに限られない）から、甲が追証なし信用取引により建玉を建てることを拒否すること（以下「建玉の拒否」という）ができる。乙は、甲に対して建玉の拒否の理由を告げる必要はないものとする。

（買い建てにおける損切り）

第6条　甲は、追証なし信用取引による買付注文と同時に、当該単位建玉の損切り依頼計算率が20%（乙が別途定めた場合はその割合とする）を下回ることを停止条件として（それ以前に当該建玉につき反対売買が成立すること及び当該単位建玉にかかる株式の市場株価が次項に定義するY円になることを解除条件ともする）、損切り依頼計算率が0%となる価格（以下「X円」）以上の最小の市場呼値価格（以下「V円」）より大きい最小の市場呼値価格（以下「W円」）を指値として、市場内において当該単位建玉に係る株式を売却する注文を行うものとする。その依頼に基づき乙は、当該単位建玉の損切り依頼計算率が20%（乙が別途定めた場合はその割合とする）を下回ることを停止条件として（それ以前に当該建玉につき反対売買が成立すること及び当該単位建玉にかかる株式の市場株価が次項に定義するY円になることを解除条件ともする）、W円を指値として、当該建玉にかかる株式を、市場内において売却することにより反対売買を行う。

2　甲は、追証なし信用取引による買付注文と同時に、当該単位建玉にかかる株式の市場株価が、当該単位建玉を建てた後に市場でW円未満の市場株価がつくこと（特別気配値で表示されたことを含む）を停止条件として（それ以前に当該建玉につき反対売買が成立することを解除条件ともする）、当該時点で、当該建玉にかかる株式を、当該建玉を建てた後に市場でW円未満で最初についた市場株価に対して売却する注文を行うものとする。乙は、当該単位建玉にかかる株式の市場株価が、当該単位建玉を建てた後に市場でW円未満の市場株価がついたこと（特別気配値で表示された場合を含む。以下「Y円」）にて、市場外において、乙につき反対売買が成立することを解除条件ともする）、当該時点で、Y円にて、甲から当該建玉にかかる株式を市場外において買取るものとする。

3　甲は、前二項とは別に反対売買注文を行う場合、当該反対売買注文に際して、前二項のいずれかの停止条件が成就することを停止条件として、当該反対売買注文を取り消す旨の意思表示を行うものとする。甲が当該反対売買注文を行い、当該反対売買注文に基づく売買が成立する以前に前二項のいずれかの停止条件が成就したときは、当該反対売買注文は取り消されるものとする。

注1）本条は、市場内での売却による損切り（第1項）と市場外での買取りによる損切り（第2項）のいずれも行う場合の条項案である。市場内での売却による損切りのみを行う場合には、第2項を削除する。

注2）本条におけるW円、Y円の定義は例示であり、証券会社の判断で変更することができるものとする。

（売り建てにおける損切り）

第7条　甲は、追証なし信用取引による売付注文と同時に、当該単位建玉の損切り依頼計算率が20％（乙が別途定めた場合はその割合とする）を下回ることを停止条件として（それ以前に当該建玉につき反対売買が成立することを解除条件ともする）、市場内において、成り行きで、当該単位建玉に係る株式を売却する注文を行うものとする。その依頼に基づき乙は、当該単位建玉の損切り依頼計算率が20％（乙が別途定めた場合はその割合とする）を下回ることを停止条件として（それ以前に当該建玉につき反対売買が成立することを解除条件ともする）、当該建玉にかかる株式を、市場内において、成り行きで、売却することにより反対売買を行う。

2 甲は、前項とは別に反対売買注文を行う場合、当該反対売買注文に際して、前項の停止条件が成就することを停止条件として、当該反対売買注文を取り消す旨の意思表示を行うものとする。甲が当該反対売買注文を行い、当該反対売買注文に基づく売買が成立する以前に前項の停止条件が成就したときは、当該反対売買注文は取り消されるものとする。

注）売り建ての取引を行わない場合、本条は削除する。

（損切り依頼計算率等の確認）

第8条 甲は乙が指定するホームページに表示される当該甲の損切り依頼計算率その他の情報を毎営業日の午後●時から翌日の午前●時までの間に確認するものとする。

2 甲が前項の確認を怠ったことによって被った損害に関して乙は一切責任を負わないものとする。

（弁済期及び利息・品借料等）

第9条　追証なし信用取引において乙が甲に貸し付ける金銭または株式の弁済期限は別途甲と乙が合意した期日までとする。
2　乙は前項の貸付けた金銭または株式に対する利息の利率または貸株料・逆日歩を取引毎に変更することができる。
3　追証なし信用取引に関する株式委託手数料は、建玉ごとに乙が決定するものとする。

別紙
（買い建て、売り建て共通）
損切り依頼計算率（%）＝（当該単位建玉にかかる株式の市場株価－当該単位建玉にかかる株式の購入時の市場株価）÷当該単位建玉にかかる株式の購入時の市場株価×１００
注）市場株価は市場終値を基準にするか各時点の市場現在値を基準にするかは別途定めるものとする。

（買い建てにおける損切り）
第６条　甲は、追証なし信用取引による買付注文と同時に、当該単位建玉の損切り依頼計算率がマイナス15%（乙が別途定めた場合はその割合とする）を下回ることを停止条件として（それ以前に当該建玉につき反対売買が成立すること及び当該単位建玉にかかる株式の価格が次項に定義するY円になることを解除条件ともする）、損切り依頼計算率がマイナス30%となる価格（以下「X円」）以上の最小の市場呼値価格（以下「V円」）より大きい最小の市場呼値価格（以下「W円」）を指値として、市場内において当該単位建玉に係る株式を売却する注文を行うものとする。その依頼に基づき乙は、当該単位建玉の損切り依頼計算率がマイナス15%（乙が別途定めた場合はその割合とする）を下回ることを停止条件として（それ以前に当該建玉につき反対売買が成立すること及び当該単位建玉にかかる株式の価格が次項に定義するY円になることを解除条件ともする）、W円を指値として、当該建玉にかかる株式を、市場内において売却することにより反対売買を行う。

2　甲は、追証なし信用取引による買付注文と同時に、当該単位建玉にかかる株式の価格が、当該単位建玉を建てた後に市場でW円未満の市場価格がつくこと（特別気配値で表示されたことを含む）を停止条件として（それ以前に当該建玉につき反対売買が成立することを解除条件ともする）、当該時点で、当該建玉にかかる株式を、当該建玉を建てた後に市場でW円未満で最初についた市場価格（特別気配値で表示された場合を含む。以下「Y円」）にて、市場外において、乙に対して売却する注文を行うものとする。乙は、当該単位建玉にかかる株式の価格が、当該単位建玉を建てた後に市場でW円未満の市場価格がついたこと（特別気配値で表示されたことを含む）を停止条件として（それ以前に当該建玉につき反対売買が成立することを解除条件ともする）、当該時点で、Y円にて、甲から当該建玉にかかる株式を市場外において買取るものとする。

3　甲は、前二項とは別に反対売買注文を行う場合、当該反対売買注文に際して、前二項のいずれかの停止条件が成就することを停止条件として、当該反対売買注文を取り消す旨の意思表示を行うものとする。甲が当該反対売買注文を行い、当該反対売買注文に基づく売買が成立する以前に前二項のいずれかの停止条件が成就したときは、当該反対売買注文は取り消されるものとする。

（売り建てにおける損切り）

第7条　甲は、追証なし信用取引による売付注文と同時に、当該単位建玉の損切り依頼計算率が15％（乙が別途定めた場合はその割合とする）を上回ることを停止条件として（それ以前に当該建玉につき反対売買が成立することを解除条件ともする）、市場内において、成り行きで、当該単位建玉に係る株式を売却する注文を行うものとする。その依頼に基づき乙は、当該単位建玉の損切り依頼計算率が15％（乙が別途定めた場合はその割合とする）を上回ることを停止条件として（それ以前に当該建玉につき反対売買が成立することを解除条件ともする）、当該建玉にかかる株式を、市場内において、成り行きで、売却することにより反対売買を行う。

2　甲は、前項とは別に反対売買注文を行う場合、当該反対売買注文に際して、前項の停止条件が成就することを停止条件として、当該反対売買注文を取り消す旨の意思表示を行うものとする。甲が当該反対売買注文を行い、当該反対売買注文に基づく売買が成立する以前に前項の停止条件が成就したときは、当該反対売買注文は取り消されるものとする。

●著者略歴
長谷川慶太郎（はせがわ・けいたろう）
国際エコノミスト。1927年京都生まれ。1953年大阪大学工学部卒。新聞記者、雑誌編集者、証券アナリストを経て、1963年独立。最先端の技術を踏まえた「現場」から見る独特の経済分析と先見力に定評がある。
1983年『世界が日本を見倣う日』で第3回石橋湛山賞受賞。ベストセラーとなった『日本はこう変わる』ほか、近著に『価値大逆転』『安全、有利な資産運用法』『2004年長谷川慶太郎の大局を読む』がある。

楠　大史（くす・ひろし…本名　裕史）
1959年愛知県生まれ。愛知県立刈谷高校卒。信州大学農学部卒。商社、広告代理店他を経て独立。現在に至る。

株で確実に儲かる唯一の方法

2004年5月1日　1刷発行

著　者　長谷川慶太郎　楠　大史
発行人　岩崎　旭
発行所　株式会社ビジネス社
〒105-0014　東京都港区芝3-4-11（芝シティビル）
電話　03(5444)4761
http://www.business-sha.co.jp

カバー印刷／近代美術株式会社
印刷・製本／凸版印刷株式会社
〈編集担当〉播磨谷佳子　〈販売担当〉山口健志

ISBN4-8284-1116-X